Petites étincelles
de sagesse juive

Victor Malka

Petites étincelles de sagesse juive

Albin Michel

Albin Michel
▪ *Spiritualités* ▪

*Ouvrage publié sous la direction
de Jean Mouttapa*

Heureuse la flamme qui a brûlé
dans le secret des cœurs !

Hannah Senech

Avant-propos

C'est la plus ancienne et sans doute la plus tenace des traditions du peuple d'Israël : depuis toujours, commenter le texte biblique a été le « sport » favori et la grande vocation des juifs, une occupation à laquelle les invitent régulièrement leurs sages. Génération après génération, ils ont tourné et retourné dans tous les sens les versets de la Torah – essentiellement du Pentateuque, les cinq livres de Moïse – pour les comprendre d'abord en les interrogeant, pour éventuellement les enseigner ensuite. À chaque sphère géographique ses spécialités, à chaque époque historique ses commentateurs ! Il y a eu ceux de la période de la constitution du Talmud et ceux de l'époque grecque, ceux qui ont pris grandement en compte les divers aspects de la philosophie juive du Moyen Âge et ceux de la modernité de la *Haskala*, les Lumières juives. Chaque école a eu ses méthodes et chaque maître ses préférences et ses inclinations. À chaque âge aussi ses niveaux d'étude ! Tout commentateur a sa vision du monde, sa philosophie, son système éducatif. Ils n'ont pas tous la même grille de lecture ni la même appréciation des vertus humaines. Pour l'un, c'est la responsabilité qu'il faut placer au sommet de ces vertus ; pour l'autre, c'est le libre choix dont tout homme dispose. Il n'est pas un seul verset du récit biblique qui, depuis les origines et jusqu'à nos jours, ne donne lieu à contestation, à discussion ou à interprétations multiples et parfois contradictoires.

Et tout commence, dans le processus du commentaire, par une question relative au texte : que nous dit-il ? Que veut-on nous apprendre ? Pourquoi nous dit-on cela et pourquoi de cette manière ? Quelle conclusion peut-on ou doit-on en tirer ? Que signifie la répétition d'un mot, d'une formule, d'une idée ? Contre quelle interprétation erronée cherche-t-on décidément à nous mettre en garde ? Parfois c'est le verset de la Bible lui-même qui, dans un dialogue aussi poétique qu'imaginaire auquel Rachi, le commentateur français, a souvent recours, dit au lecteur : *dorchéni*, interprète-moi, s'il te plaît, ne me prends surtout pas au pied de la lettre, cherche, gratte, fouille au-delà de moi-même ! C'est qu'il arrive, écrit Rav Kook, que dans les rides ou les plis du texte de la Torah se cachent des interprétations nouvelles qu'il faut savoir repérer.

De plus, le commentaire de la Loi a toujours été perçu, chez les juifs, comme un acte de pure spiritualité servant à l'élévation de l'esprit et de l'âme et ne devant guère, en principe, dépendre de circonstances de temps ou de lieu. Il a pour vocation de renouveler le texte, de lui donner une nouvelle vie. On n'étudie pas la Torah d'une manière intéressée, pour en tirer profit ou encore pour s'en faire gloire ou prestige : on étudie parce qu'on le doit, parce que, sans l'étude, le monde, dit un récit, ne pourrait tout simplement pas se maintenir. Ou bien encore il reviendrait au *tohu bohu* originel. Il ne suffit d'ailleurs pas d'étudier, c'est-à-dire de mémoriser : encore faut-il, jour après jour, creuser les concepts, renouveler constamment les significations et ouvrir en permanence le texte – le faire lever – à de nouvelles perspectives et à des lectures rénovées. Pour qu'il parle aux hommes et aux femmes de notre génération.

De tout temps, il y a eu un double niveau de lecture et d'interprétation : le premier (le *pchatt*) cherche l'acception immédiate, obvie. Il veut dénuder, révéler, découvrir, aller vite à l'essentiel et au plus simple. Le second niveau (le *drach*) sollicite, enquête, se livre à des recherches. Dans le premier, on s'interdit d'avoir recours à des données ou à des dimensions en principe absentes du texte ; dans le second, l'interprétation subjective est au contraire souhaitée, sollicitée et même requise. Ainsi la théorie de Philon d'Alexandrie, qui est probablement le premier commentateur de la Bible (30 avant l'ère chrétienne), considère tout le récit biblique comme une simple allégorie. Les héros bibliques eux-mêmes ne sont, pour lui, que de simples symboles : le patriarche Abraham représentant l'amour de la Torah et de son étude, Isaac celui de l'intelligence en action, Jacob celui de l'éducation...

Ce sont d'abord les lévites (desservants du Temple) qui ont pour charge statutaire d'expliquer la Loi, de la mettre à la portée de compréhension du petit peuple notamment. Plus tard, les maîtres du Talmud eux-mêmes, en leur diversité, n'ont pas d'autre souci (ou d'autre vocation) que celle de maintenir vivante et constamment ouverte la tradition orale.

Il faut attendre le milieu du XIe siècle pour que l'art du commentaire biblique trouve, du côté de Troyes, en Champagne, son inégalable maestro. Enfin Rachi vint ! Nul probablement n'avait jusque-là entrepris d'expliquer et de commenter méthodiquement la Bible comme l'a fait Rachi. Rabbi Chimon, fils d'Isaac, deviendra vite célèbre. On le désignera ici et là – et notamment chez les poètes juifs espagnols – du surnom *Hatzarfati*, le Français.

C'est le Mozart du commentaire. Précision, concision, simplicité, volonté didactique, souci du détail : Rachi n'a pas son pareil pour expliquer les mots difficiles, ambigus, venus d'ailleurs, perdus de vue ou obsolètes ; mettre les choses en perspective, décrire par le menu ce qu'ont été jadis telle situation, l'exercice de tel métier disparu ou encore ce qu'a été le credo ou le combat de tel personnage. Qu'il s'agisse de questions de psychologie sociale ou de mathématiques, de médecine ou d'économie, le lecteur n'est jamais totalement laissé à lui-même. Pour ne rien dire de la science de la vigne que cet exceptionnel savant connaît mieux que personne. Rachi n'est pas un homme ordinaire. Au point que ses lecteurs aujourd'hui – réguliers ou intermittents du commentaire, savants ou débutants – se demandent comment on pouvait comprendre en vérité quoi que ce soit au texte biblique avant que ce fils prodigue du judaïsme champenois, vigneron ou viticulteur de métier dit-on, entreprenne son gigantesque et indispensable travail[1].

Un détail ne cesse d'intriguer ses divers biographes à travers le monde : comment ce savant a-t-il pu se procurer les nombreux livres de maîtres – notamment espagnols – qu'il cite abondamment

1. Voir *Rachi*, Presses universitaires de France, collection « Que sais-je ? », 1993.

dans ses commentaires alors même qu'en ce temps-là les manuscrits étaient des objets précieux et pratiquement introuvables ? Au point qu'à l'époque, ajoute-t-on, de nombreux docteurs de la Loi n'avaient jamais vu dans leur intégralité, par exemple, les différents volumes composant le Talmud.

Rachi cherche d'abord à concilier les textes qui, dans le récit biblique, sont apparemment contradictoires et notamment celui qui relate la création. Mais il ne le fait jamais en philosophe – ce qu'il n'est pas. Il a parfois recours à telle ou telle légende, mais seulement quand elle corrobore son obsessionnelle explication littérale ou rationnelle du texte. Il meurt sans avoir eu le temps d'achever le commentaire du livre de Job. À partir du chapitre 40, verset 27, c'est en effet son petit-fils Chmouél ben Méir (appelé dans la tradition juive Rachbam, 1080-1158) qui prendra sur lui de poursuivre et de prolonger le commentaire du grand-père.

Le petit-fils passe pour être, aux yeux des spécialistes, un interprète qui tente en permanence de s'éloigner de la littérature des légendes et de ses démarches. Il se veut rationaliste et sa méthode va loin. Ainsi dans l'épisode biblique au cours duquel Moïse brise les premières Tables de la Loi (Ex. 32, 18), il n'hésite pas à écrire – seul de cet avis dans le panorama du commentaire biblique – que Moïse agit ainsi parce que soudain ses forces l'ont abandonné. En apercevant le Veau d'or, Moïse – dans l'interprétation du petit-fils de Rachi – n'a plus la force physique nécessaire pour tenir les Tables et c'est la raison pour laquelle il les laisse glisser par terre. Quelques siècles plus tard, Nehama Leibowitz, dont il sera question plus loin, récuse avec brutalité cette interprétation. Elle accuse Rachbam, lui qui, d'ordinaire, cherche le sens rationnel des choses, de beaucoup s'en éloigner en l'occurrence. « Non, les Tables de la Loi n'ont pas glissé des mains de Moïse, écrit-elle. Le verset biblique ne laisse entendre rien de tel. C'est au contraire avec force, vitalité et détermination que Moïse réagit et les jette à terre, et non parce qu'il aurait éprouvé soudain on ne sait quel accès de faiblesse physique. »

Le commentaire de Rachi est écrit volontairement pour s'adresser à tout un chacun, érudit ou pas. Ce n'est pas le cas de celui du poète espagnol Abraham Ibn Ezra (1090-1164), qui se veut résolument élitiste. Il s'adresse à une très faible minorité. Ibn Ezra n'est pas seulement poète : il est aussi philosophe, grammairien, auteur scientifique et physicien. Il vit tour à tour à Narbonne, Dreux, Montauban puis Béziers. Il se fait appeler – et il y tient – *Hasfaradi,* ce qui veut dire l'Espagnol. Il évoque fréquemment dans ses écrits, lui l'érudit errant, sa terre natale. Comme il croit dur comme fer à l'astrologie, c'est aux astres qu'il attribue ce qu'il appelle son « manque de chance », sa « scoumoune » et sa pauvreté[1]. Son commentaire est ramassé, dense, formulé dans une forme lapidaire qui parfois est proche de l'incompréhensible (« du rébus », dit un critique). Le style en est bref et précis, presque codé, allusif, teinté d'un humour parfois amer. Ibn Ezra termine souvent ses développements par la formule « et que l'intelligent comprenne (*véhamévine yavine*) ». Le fait est que l'intelligent, le lecteur familier lui-même, ne comprend pas toujours. Des générations d'érudits, à travers les siècles, se sont abondamment « querellées » sur les significations réelles de ses interprétations et de ses commentaires[2]. De nombreux livres ont été écrits pour aider les lecteurs à comprendre ses explications de la Bible. Maïmonide lui rend un hommage inhabituel. Dans une lettre qu'il expédie à son propre fils, le

1. C'est Abraham Ibn Ezra qui écrivit ces vers tragiques et célèbres dans la littérature hébraïque : « Si je faisais commerce de bougies, le soleil ne se coucherait pas ; si je vendais des linceuls, personne, jamais, ne mourrait. »

2. Mon père adorait les commentaires d'Ibn Ezra dont il était devenu, au fil des ans, un spécialiste. Étudiant avec lui, au soir de sa vie, ces textes, j'avais, moi, du mal à simplement les déchiffrer, à livre ouvert. Lui les connaissait par cœur, soixante ans après les avoir étudiés.

philosophe lui donne ce conseil pédagogique : « Ne perds pas ton temps avec des commentaires bibliques autres que ceux d'Ibn Ezra... Ce sage, cet érudit ne craignait personne. Il écrivait en toute liberté et ne se montrait complaisant à l'égard de qui que ce soit. »

Il arrive cependant qu'Abraham Ibn Ezra ait la dent dure, très dure, contre les commentateurs chrétiens de son époque, mais aussi contre les qaraïtes, une secte juive qui ne croit pas en la Loi orale. Il traite les uns et les autres de « cœurs errants ». Il parle d'eux comme de gens de peu de foi. « Des dormeurs non réveillés de leur sommeil... », écrit-il. Ailleurs, il les qualifie de « gens à l'esprit vide », de « négateurs » ou encore de « crétins universels ».

Quelques années plus tard, un autre commentateur, David Kimhi, connu sous le nom de Radak (1160-1235), cherche à faire œuvre de synthèse en intégrant dans son travail la méthode des savants français et celle des sages d'Espagne, celle des traditionalistes et celle des philologues. Mais il se veut d'abord et avant tout pédagogue. Il cherche à tirer la signification morale du moindre événement biblique. C'est qu'il est né à Narbonne, en Provence, dans une région qui est alors un grand carrefour culturel ouvert à tous les vents intellectuels et où se croisent notamment la science de l'école de France et celle venue d'Espagne. Il est un des rares à se poser, par exemple, la question de savoir si les Psaumes sont marqués par l'Esprit saint ou par celui de la prophétie. Mettant ses pas dans ceux de Maïmonide, Kimhi tient à cette différence, essentielle à ses yeux. Il considère qu'il existe des degrés divers dans la prophétie : ainsi celle qu'il reconnaît à Daniel n'est en rien comparable à celle d'Isaïe ou d'Ézéchiel. C'est d'ailleurs pourquoi, dit-il, le livre de Daniel a été placé parmi les hagiographes et non pas parmi les œuvres des prophètes.

Un autre maître, venu de Gérone en Catalogne, oriente son commentaire dans une autre direction : celle où la mystique, science des secrets, joue un grand rôle. Moché ben Nahman, plus connu sous le nom de Nahmanide (1194-1270), médecin de profession, est le premier à introduire délibérément dans son commentaire ce que lui et les siens appellent la « sagesse intérieure » qu'il considère comme la « voie de la vérité ». Il exerce d'importantes fonctions à la cour du roi Jacques Ier d'Aragon. Il est influencé par la culture française. Il s'inscrit en faux contre le rationalisme excessif venu du sud de l'Espagne et porté notamment par les œuvres maïmonidiennes. Il n'aime décidément pas le penchant que Moché ben Maïmone manifeste en général pour les thèmes, les concepts et les théories d'Aristote. Il n'aime pas davantage l'idée de Maïmonide selon laquelle la philosophie est la pierre de touche de la vérité religieuse. Il joue d'ailleurs franc jeu en écrivant dans l'introduction de son commentaire : « J'annonce ici que mes propos ne peuvent être compris que par les gens de la transmission. La raison – ou la logique – n'a rien à y voir. » Médecin mais aussi psychologue (on dit à l'époque « médecin de l'âme »), il est très influencé par Rachi, « notre maître Salomon à qui revient le droit d'aînesse ». Il a pour lui un immense respect même s'il lui arrive souvent de n'être pas d'accord avec ses interprétations. Curieusement, il s'irrite parfois contre les commentaires bibliques de son collègue de l'école espagnole Ibn Ezra qu'il traite de manière bien cavalière : « Voici un homme qui confond tout. Il ne fait pas la part des choses. Je m'étonne que son esprit se soit aveuglé à ce point... » Ou encore : « Ses propos sont grotesques. » Pire encore, il s'adresse à son lecteur en prenant soin de le mettre en garde : « Ne te laisse pas abuser par les bêtises de rabbi Abraham (Ibn Ezra). » Parfois, il omet même de citer purement et simplement le nom de son collègue en écrivant : « Ah ! si celui-là qui se vante par ailleurs de connaître les secrets de la Torah "savait" vraiment, je puis vous dire qu'il deviendrait muet.

Et il cesserait de se moquer, comme il le fait, des propos de nos maîtres. »

Étrange Nahmanide ! On dirait qu'il ne pense qu'à interdire et qu'à prononcer des exclusions tous azimuts. Passe encore qu'il s'en prenne de cette façon à Ibn Ezra : le poète en a vu bien d'autres tout au long de sa vie. Mais le prestigieux auteur du *Guide des Égarés* lui-même n'échappe pas à ses critiques, à ses sarcasmes, à ses persiflages : « J'affirme, écrit-il, qu'il est interdit de prêter l'oreille à ces propos de Maïmonide et d'y ajouter foi. » Et quand le médecin de Cordoue, l'« aigle de la synagogue », propose de voir l'institution des sacrifices animaux aux temps bibliques comme une concession à l'esprit de l'époque, une sorte de transition nécessaire entre l'âge des sacrifices humains et le pur « service du cœur » qu'est la prière, Nahmanide qualifie cette interprétation rationnelle de « propos futiles » et de « stupidités ».

C'est un autre Espagnol qui va s'illustrer, trois siècles plus tard, par son commentaire. À dire vrai, l'homme a consacré l'essentiel de sa carrière à tout autre chose qu'à interpréter les versets de la Bible. Don Isaac Abravanel (1437-1508) est un expert en matière de finances. Il connaît mieux que personne les questions d'argent mais il est également diplomate à l'occasion. Il occupe le poste de ministre des Finances du roi Alfonso V au Portugal puis devient conseiller en Espagne des Rois catholiques, Isabelle et Ferdinand, jusqu'à l'expulsion de ses coreligionnaires juifs en 1492, date à laquelle il choisit de s'installer à Naples. Avant d'écrire les premières lignes de son commentaire, il se pose, en vérité, la question de l'identité des différents rédacteurs des livres de la Bible. Il veut savoir qui a écrit quoi. Il lui arrive de ruer dans les brancards et il n'hésite pas à affirmer qu'il n'est pas d'accord avec l'opinion de la tradition juive à cet égard. Ainsi conteste-t-il le fait que Moïse ait écrit le livre de Job comme le prétend un récit du Talmud, ou encore que Josué soit vraiment l'auteur du livre qui, dans la Bible, porte son nom. Il est le premier parmi les grands commentateurs à citer, dans ses travaux, des écrits chrétiens. Il fait intervenir dans son travail de nombreuses références à l'histoire – c'est bien le moins de la part d'un diplomate de carrière – et les mélange avec des considérations sur la géographie. Il se pose par exemple la question de savoir si le système monarchique est vraiment indispensable pour le peuple juif comme il l'est pour les autres nations. Pour conclure que sa connaissance des régions où il n'y a pas de roi – Venise, Florence, Bologne – lui fait considérer qu'il vaut mieux, tout compte fait, se passer de monarque : « Le régime monarchique non seulement n'est pas obligatoire mais, de plus, il est nuisible. Les régimes républicains sont, à l'évidence, bien meilleurs. » Et il ajoute qu'en vérité, le « régime de la Torah » est supérieur à tous ceux que mettent en pratique les républiques aristocratiques en Italie.

Abravanel ne se contente pas des seules sources juives. Plus qu'aucun autre commentateur, il est ouvert aux sagesses des nations. Non seulement il ne se gêne pas pour citer des commentateurs chrétiens, mais il n'hésite pas non plus à évoquer parfois des thèmes de la mythologie grecque.

Moderniste ? Non, il n'a rien à voir avec la *Wissenschaft des Judentums* et avec les méthodes qui seront développées au XVIIIe siècle en Allemagne. Il se veut d'abord éducateur : il est résolument opposé à tous ceux qui, d'une manière ou d'une autre, cherchent, dit-il, à porter la main sur la tradition juive qu'il considère comme l'« âme de la nation ». Il ne renonce pas, dans son commentaire biblique, à chercher le projet divin dans le monde. Il réfléchit à la signification de la violence dans la société. Il considère qu'on ne peut pas interpréter l'intégralité du texte biblique de manière littérale. Mais il convient qu'il y a, dans la Bible, des choses secrètes et qui, ajoute-t-il, doivent de toute façon le demeurer à jamais.

Au XVIIIe siècle, ce n'est plus l'Espagne qui donne le *la* dans le monde du commentaire biblique. Et pour cause : depuis la fin du XVe siècle, l'Espagne est en principe un pays sans juifs. Désormais la nouveauté vient d'Allemagne avec Moses Mendelssohn (1729-1786) : c'est avec lui en effet que commence la critique scientifique des textes. Mendelssohn veut également, entre autres, montrer la beauté et la poésie de la Bible. Les milieux religieux n'accordent cependant pas une grande importance aux commentaires bibliques de ce philosophe, identifié un peu vite avec le mouvement de l'assimilation[1].

C'est Chmouél David Luzzato (1800-1865), ce philosophe né à Padoue, en Italie, qui sera considéré comme le premier commentateur moderne de la Bible. Ce qui le caractérise ? Il est ouvert à la culture générale, à l'esprit du siècle et à l'ambiance intellectuelle de son temps. Lui aussi apprécie les commentateurs non juifs ; il les cite souvent quand ce n'est que pour polémiquer avec eux, mais il dit prendre ses distances avec tous ceux qui veulent « fouler aux pieds les traditions du judaïsme ».

Comment ne pas faire une place, dans cette rapide (et sommaire) nomenklatura des commentateurs les plus importants de la Bible, à Samson Raphaël Hirsch ?

---

1. Voir *Moses Mendelssohn* par Dominique Bourel, Gallimard, 2004.

Par sa science, il s'impose au XIXe siècle en Allemagne. Son commentaire est marqué par l'esprit d'émancipation des juifs de France. C'est un tempérament optimiste et, en tant qu'un des grands rabbins du judaïsme allemand, il a une confiance quasi béate dans l'attitude des nations. Il la proclame autour de lui. Curieusement, il considère que si la situation des juifs est bonne en Allemagne, cela signifie qu'elle l'est assurément partout ailleurs. Que des juifs souffrent à cette époque plus que de raison dans tout l'est de l'Europe, le rabbin n'en a cure. Il n'en a apparemment même pas conscience et on ne manquera pas de lui en faire vivement reproche, plus tard, en évoquant le « mépris » que les juifs allemands professaient à l'égard de ces juifs venus de l'Est[1].

Hirsch représente mieux que personne le mouvement de la néo-orthodoxie. Il dit haut et fort que le judaïsme orthodoxe doit accepter la culture occidentale et y adhérer. Ce qu'il recherche essentiellement dans le récit biblique, c'est le sens éducatif et religieux. Les commandements ont pour but, selon lui, de

1. Le savant Chaïm Weizmann, premier président de l'État d'Israël, écrit dans son livre *Naissance d'Israël* (Gallimard, 1957, p. 57) : « Les juifs allemands nous avaient considérés nous, les étudiants juifs russes, comme des sauvages venus des régions septentrionales non civilisées... »

conduire l'homme au plus haut degré de la perfection humaine. Il propose un commentaire psychologique de la Bible. Il cherche à faire comprendre à son lecteur pourquoi les héros bibliques agissent de telle manière et pas autrement.

À la même époque que Hirsch, il y a, dans le monde juif, un commentateur extrêmement incisif. Il ne figure peut-être pas parmi les plus grands, mais il a aujourd'hui encore de nombreux admirateurs parmi les lecteurs de la Bible : Méir Leibush ben Mikhal (1809-1879), que tout le monde appelle le Malbim, acronyme de son nom. Il est appelé à occuper en 1858 le poste de grand rabbin de Roumanie. Ce n'est guère un poste de tout repos. Au contraire : il y mène une vie des plus malheureuses. Un jour, des juifs pervers et malintentionnés le dénoncent aux autorités du pays pour des raisons obscures. Il est arrêté et conduit en prison un jour de shabbat au moment même où il est en train de prononcer son traditionnel sermon – un commentaire sur la Bible – à la synagogue. Il ne doit d'être libéré qu'à la rapide intervention du célèbre sir Moses Montefiore. C'est d'ailleurs au seul commentaire de la Bible et non à ses ouvrages consacrés à des homélies ou encore à son récit autobiographique qu'il doit aujourd'hui d'être relativement connu. Il a pour caractéristique d'être résolument opposé à tous ces rabbins réformés dont certains rêvent, dit-il, de remplacer le jour du shabbat par... le dimanche. Il manifeste quelque mépris pour des hommes comme Moses Mendelssohn et ses amis qu'il appelle l'« orchestre des traducteurs ». « La Torah, écrit-il, a été trahie par ses compagnons. Les bergers se sont éloignés de Dieu. » Et il ajoute en parlant de ces bergers : « Ils se sont autoproclamés rabbins, prédicateurs, ministres officiants... » C'est peu de dire qu'il ne goûte guère la vision esthétique que Mendelssohn propose du récit biblique. Elle ne lui inspire rien de bon. Il a en revanche de l'admiration pour l'Espagnol (ou le Portugais) Abravanel qu'il nomme à sa façon le « champion des commentateurs ». Il est souvent d'accord avec lui. Dans l'introduction qu'il donne au livre de Josué, il écrit en parlant de lui : « Nul n'est aussi fort que ce prince pour insuffler vie au texte biblique dans une interprétation simple. » Il lui arrive cependant de ne pas partager l'opinion de son collègue Abravanel (et celle de Maïmonide), notamment sur la question de la prophétie. Pour lui, il ne s'agit pas de la perfection humaine poussée à son paroxysme, mais au contraire d'un phénomène qui n'a rien de naturel et qui relève, purement et simplement, du miracle. Comme preuve à sa démonstration, il cite le prophète Amos qui, dit-il, n'avait pourtant pas fait d'études.

Et puis il y a les commentateurs contemporains. De Pinchas Péli à Shalom Rosenberg (deux esprits modernistes et humanistes, marqués tout à la fois par la tradition et par une vision universaliste), ils relisent et analysent la Bible à la lumière des événements de l'histoire, de l'évolution du monde ou des secousses de l'actualité. Le premier l'a fait avec brio durant des années pour les lecteurs du vendredi du *Jerusalem Post*[1] ; le second continue encore de le faire, en savant reconnu et en professeur de pensée juive, avec un talent et une ouverture d'esprit admirables, chaque semaine pour les dizaines de milliers de lecteurs du quotidien israélien *Maariv*.

C'est cependant une femme qui, curieusement, dans ce secteur d'activité intellectuelle traditionnellement et presque exclusivement contrôlé par des hommes, est saluée par tous comme un esprit d'exception, un penseur original et comme l'une des meilleures commentatrices de la Bible. Nehama Leibowitz (1905-1997) a formé de nombreuses générations d'enseignants de la Bible en Israël. Durant des décennies, elle a publié ses commentaires sur le texte biblique de la semaine (ce que l'on appelle la *sidra* ou la « péricope ») dans des feuillets ronéo-

1. Voir *La Torah aujourd'hui*, par Pinchas M. Péli, Desclée de Brouwer, 1988.

typés expédiés aux quatre coins du monde et notamment aux soldats israéliens en campagne. Nehama Leibowitz a, c'est vrai, de qui tenir : dès son plus jeune âge, à la maison paternelle, à Riga, elle a été initiée à ce type d'étude. Son frère Yeshayahou s'est illustré dans la société israélienne d'abord comme l'un des meilleurs connaisseurs de la pensée juive, philosophe, professeur à l'université hébraïque et principal rédacteur de l'*Encyclopédie du judaïsme* avant de devenir – au lendemain de la guerre des Six Jours, en 1967 – un des critiques les plus radicaux de l'establishment politique du pays, célèbre dans le monde entier par de graves condamnations prononcées contre les gouvernants en Israël et surtout contre l'armée du pays et ses chefs.

Ce qui intéresse Nehama, c'est de traduire des choses anciennes dans une langue contemporaine. C'est aussi de placer au cœur de son dispositif non pas la réponse mais la question qui titille et éveille. Entre deux interprétations possibles, elle ne tranche pas. Pourquoi ? « Parce que nous ne sommes pas des catholiques. Il n'existe pas chez nous un pape qui décide qui a raison et qui a tort. » Elle considère que l'essentiel n'est pas de trouver les réponses mais d'apprendre à les chercher. De plus, elle ne perçoit pas la Bible comme un livre d'histoire mais comme un traité de morale, un livre de vie. L'art d'interroger est, dans son esprit, supérieur à tous les autres. Elle explicite sa démarche en écrivant un jour à l'un de ses anciens élèves devenu professeur de Bible : « Sois prudent ! Surtout laisse l'élève libre de chercher lui-même, de découvrir, de comparer et d'analyser[1] ! »

Les pages proposées au lecteur ici ne relèvent pas à proprement parler d'un commentaire biblique systématiquement élaboré, à l'instar de tous ceux que l'on vient d'évoquer. Elles feraient plutôt partie d'un genre qu'une tradition juive – appliquée à la Torah – appelle *parpéraot*, ce qui signifie friandises ou gourmandises (cerises sur le gâteau ?) ou encore – selon certains traducteurs – observations périphériques. Il s'agit de toutes sortes de choses apparemment légères mais non dérisoires, significatives mais non essentielles ou fondamentales au regard de la Loi, dites à des époques diverses sans esprit de système, à propos de versets, de personnages, de situations ou d'épisodes bibliques. Leurs auteurs n'ont assurément pas cherché à formuler

1. *Pirké Nehama*, volume à la mémoire du professeur Nehama Leibowitz, Tel Aviv, 2001 (en hébreu).

des thèses ou des théories philosophiques. Souvent d'ailleurs ils n'ont pas même porté par écrit leurs commentaires. Ils ont plutôt voulu, à partir du récit biblique et en s'appuyant souvent sur des textes anciens, mettre en évidence telle leçon de sagesse, saluer ou souligner telle vertu ou telle manière d'être, donner en exemple telle conduite.

Ce qui est proposé ici, ce sont de brèves annotations, de courtes histoires, de rapides commentaires, des formules de sagesse, parfois des mots d'esprit dont le dénominateur commun est de se référer, d'une manière ou d'une autre, à un récit, à un verset et parfois à un seul mot ou à un thème de la Bible. Il s'agit, au plein sens du terme, d'une littérature orale.

Aujourd'hui encore, dans toutes les synagogues du monde, ces brefs commentaires sont contés, répétés parfois de façon anonyme parce que, entretemps, on a parfois oublié qui a dit quoi.

L'auteur de ces lignes a, depuis son adolescence, été friand de ces petites pièces, de ces brèves réflexions, de ces dits et de ces aphorismes. Durant des décennies et depuis mon enfance, pas un samedi où mon père ne saisisse l'occasion de me rappeler les commentaires faits à propos de tel verset biblique par tel ou tel maître. Et à mon tour il m'arrive aujourd'hui de les répéter, le samedi, à mes habituels voisins d'office à la synagogue. Au gré de l'heure et de l'humeur, et comme on se transmettrait, dans la crainte et le tremblement, des braises ardentes. On s'échange les uns les autres ces petits commentaires comme on veillerait avec délicatesse à se communiquer le code d'on ne sait quel secret. Comme pour perpétuer une des plus riches traditions juives et comme pour s'assurer, ici et maintenant, d'une certaine pérennité.

Littérature légère certes, mais attentive autant qu'elle peut l'être aux grandes questions de la vie : à la société et à la nation, à la famille et à l'individu, à la justice et à la miséricorde. Ces pères de la tradition juive – poètes, philosophes, écrivains, rabbins, éducateurs, spécialistes de la loi, leaders ou hommes du peuple – se sont penchés sur ces thèmes pour proposer à leurs fidèles des conseils. Qui sont d'abord des préceptes de vie. Et des repères.

En récoltant ces piécettes on a surtout cherché à provoquer ici ou là une réflexion, susciter la discussion, inviter à la méditation, peut-être faire rêver ou encore faire sourire. On a volontairement mélangé pêle-mêle à ces commentaires périphériques autour des textes de la Bible des sentences et des propos de maîtres hassidiques dont certains sont connus et d'autres beaucoup moins. Pourquoi ? C'est une évidence que tous les dits ou les aphorismes formulés, depuis le Baal Chem Tov et jusqu'à nos jours, par les différents porte-parole de la saga hassidique, relèvent eux aussi tout naturellement du commentaire biblique. Les maîtres prédicateurs s'en allaient, aux jours de marché, porter la bonne parole dans les bourgades et les *shtetle* d'Europe de l'Est écrasés par la misère. Ils prenaient prétexte de la péricope de la semaine et, en même temps qu'ils racontaient les épisodes des héros bibliques, ils distillaient leur enseignement et cherchaient à insuffler, à partir des versets du récit, humilité et espérance, courage et allégresse.

Se taire et écouter

Rabbi Méir Yehiel, le sage d'Ostrovska, qui fut l'un des génies du judaïsme polonais, était fils de boulanger. Il était connu pour ses silences. Il ne prononçait un mot qu'en cas d'extrême nécessité. Un étudiant lui demanda la raison de cette attitude : « Je vais t'expliquer. Mon père m'a dit un jour que l'art du boulanger consistait en ceci : plus le four reste fermé et plus la chaleur qui s'en dégage est forte. C'est à cela que je pense chaque fois que j'ai envie de parler. »

Parole de David Moché Tchortakov : « La Torah a soixante-dix visages dont l'un est le silence. »

La Bible dit que « Jethro, prêtre de Madian, beau-père de Moïse, apprit tout ce que Dieu avait fait pour Moïse » (Ex. 18,1). Était-il donc le seul à apprendre cela ? En vérité, il faut dire que les oreilles et les cœurs ne se valent pas tous. Il en est qui savent écouter et d'autres qui ne savent pas. Jethro, lui, a bien voulu entendre.

Et c'est d'ailleurs pourquoi il a accédé à la dignité d'avoir une des sections du Pentateuque qui porte son nom.

Parole de Baroukh de Mezbij : « Plutôt devenir muet qu'être un beau parleur. »

Rabbi Abahou a dit au nom de rabbi Yohanan : « Quand Dieu a révélé la Torah sur le mont Sinaï, aucun oiseau n'a gazouillé, aucun n'a volé ; aucune vache n'a meuglé ; aucun ange ne s'est déplacé ; les séraphins eux-mêmes n'ont pas dit, comme à l'accoutumée : Saint, trois fois Saint ; il n'y avait pas une seule vague sur l'océan et les êtres humains n'ont pas prononcé un mot. Le monde s'est tu et a écouté : "Je suis l'Éternel ton Dieu !" »

On vient vous demander ce que vous pensez de tel homme. Vous ne dites rien et vous vous contentez de faire une grimace. Eh bien d'une grimace on peut tuer un homme.

Quand rabbi Méir Israël Hacohen, surnommé le Hafetz Haïm, écrivit son livre sur la « protection de la langue » et qu'il l'expédia à un ami, celui-ci réagit : « Pourquoi seulement la langue ? On peut aussi calomnier par une moue ! »

Le célèbre rabbi dut en convenir.

Noé, dit la Bible (Gn. 6, 9), était « un homme juste et irréprochable ». Il fut pourtant calomnié d'abondance. « C'est la preuve, dit Méir de Premishlan, que nul n'est à l'abri des flèches que décochent les langues des hommes. C'est pourquoi on ne doit pas accorder à ces calomnies trop d'importance. »

Parole de Naftali de Ropshitz : « Les gens pensent que la grande dignité de l'homme est d'avoir le pouvoir de s'exprimer. Et moi, je pense que le pouvoir de l'écoute est plus précieux que tout le reste. »

Le rabbin Haïm de Brisk se trouvait dans une assemblée avec un de ses collègues. Celui-ci parla d'abondance tandis que le discours prononcé par rabbi Haïm fut extrêmement bref.

« Mon collègue, expliqua-t-il, a besoin d'une heure de réflexion pour pouvoir parler durant vingt-trois heures. Chez moi, c'est le contraire : j'ai besoin de vingt-trois heures de réflexion pour pouvoir parler pendant une heure. »

On demande à rabbi Chimon Miroslav :

« À quoi dois-tu d'avoir eu une longue vie ?

– Je n'ai jamais élevé la moindre protestation contre Dieu. Je me suis dit : si tu veux vieillir tranquillement, il vaut mieux garder le silence. Sans quoi, on risque de te convoquer au ciel pour écouter tes arguments et instruire tes protestations. »

On demande au grand maître hassidique Mendel de Kotzk : « Où donc as-tu appris cet art du silence ? »

Mendel voulut répondre puis il se ravisa et se tut.

Parole de Nahman de Braslav : « Ceux qui savent ne disent pas. Ceux qui disent ne savent pas. »

Parole de Mendel de Kotzk : « Jeune, on apprend à parler. Vieux, on apprend à se taire. Voilà la grande infériorité de l'homme : apprendre à parler avant d'apprendre à se taire. »

Parole de Zeev de Strikov : « Se taire quand on n'a rien à dire, c'est prouver qu'on n'est pas stupide. L'intelligence, c'est de se taire quand on a quelque chose à dire. »

Un rabbin observe que les fidèles bavardent entre eux au moment de la prière. « En parlant du patriarche Isaac, leur dit-il, nos sages ont considéré que chacune de ses "conversations" était prière, comme il est dit : "Et Isaac sortit converser dans le champ" (Gn. 24, 63). Mais vous, vous considérez que toute prière est conversation. »

Parole du rabbi de Guèr : « Le silence est le cri le plus puissant du monde. »

Parole de rabbi Nahman de Braslav : « À chacun Dieu s'adresse d'une manière différente : à l'un par un simple signe et à l'autre à haute voix. Tout dépend si l'homme est loin de Dieu. »

La Bible relate, à propos d'Agar et de son fils, que Dieu « entendit le gémissement de l'enfant » (Gn. 21,17). Or, le texte ne dit à aucun moment que l'enfant avait poussé le moindre gémissement. « C'est que, dit Mendel de Worke, il existe des cris silencieux. Ils parviennent à trouer le ciel en profondeur et seul le Maître des cieux les entend. »

Le rabbin de Moscou, Yaakov Isaïe Matza, disait : « Il est heureux que notre maître Moïse ait été bègue. Sans quoi, les Hébreux n'auraient pas été libérés d'Égypte car on aurait perdu le temps en débats, en discours, en colloques et en controverses. »

Dans l'épisode biblique qui relate la mort de ses deux fils, Nadav et Avihou (Lv. 10, 3), il est dit que leur père Aaron « garda le silence ».

Il y a dans ce silence – selon Shalom Rosenberg – un avertissement à ceux qui auraient la prétention d'expliquer les secrets de l'Histoire : « Il n'existe aucune explication ni religieuse ni scientifique à la Shoah. Comment a-t-elle été possible ? Nous n'avons pas tous eu l'occasion d'assister sur le mont Sinaï à la Révélation, mais nous avons, en revanche, pu voir Satan descendre sur terre et proclamer que le peuple juif était son ennemi. Satan témoigne ainsi que ses ennemis étaient le peuple élu. C'est absurde mais c'est ainsi.

Les nazis ont opprimé bien des peuples. Mais nous ne l'avons pas été, nous, en raison de nos engagements politiques ou encore parce nous constitutions un danger pour l'Allemagne, mais uniquement parce que nous étions juifs. Bien plus : à supposer que les juifs aient constitué en effet un danger biologique ou génétique, pourquoi s'en prendre au judaïsme et à ses livres ? »

Au moment où Dieu le charge d'une mission en Égypte, Moïse prétend qu'il est « incirconcis de lèvres » (Ex. 6, 12). « À ce moment-là, écrit un commentateur biblique originaire du Yémen, les créatures du monde entier en furent impressionnées : si Moïse à qui Dieu s'est directement adressé cent soixante-quinze fois a ainsi la parole embarrassée, à plus forte raison doit-il en être de même pour nous. »

Recevoir la Torah

Au moment de la Révélation, les Hébreux répondirent tous ensemble et en même temps : « Nous ferons et nous entendrons » (Ex. 24, 7). Rabbi Zalmen Sourouskine dit : « Encore heureux qu'ils aient répondu tous en même temps car s'il en avait été autrement, il suffisait que l'un dise "oui" pour que l'autre dise "non" et un troisième "peut-être" ! C'est, comme on le sait, une attitude traditionnelle chez les gens de notre peuple. »

Parole de Judah Halévy : « Pourquoi dans le premier des Dix Commandements évoque-t-on la sortie d'Égypte et non pas la Création du monde ? C'est parce que les juifs ont vu de leurs propres yeux la sortie d'Égypte mais pas la Création du monde... »

Eliyah ben Salomon Zalman, dit le Gaon de Vilna (1787-1859), commentait ainsi le verset de Genèse 1, 26 : « "Dieu dit : faisons l'homme." Cela veut dire : faisons-le ensemble avec toute la création. Et qu'il apprenne la discrétion du chat, la prudence de la fourmi, la force du léopard, le courage du lion, l'empressement de l'aigle... »

Parole de rabbi Moché Schreiber, dit le Hatam Sofer : « Si j'avais moi aussi Dieu pour maître, je serais moi aussi le prophète Moïse. Vous vous demandez alors pourquoi je n'ai pas Dieu pour maître. Parce que je ne suis pas Moïse ! »

La Bible nous dit à propos de Moïse, le plus grand des prophètes, qu'il était « berger chez Jethro » (Ex. 3, 1). Seul peut parvenir à la prophétie un homme vivant isolé au sein de la nature, dans les champs et dans les forêts. C'est là qu'il peut admirer les miracles de la nature et prendre mieux conscience de l'existence de Dieu.

Parole de Moché Leib de Sassov : « Le premier verset de la Genèse signifie qu'au commencement, avant tout, tout homme doit savoir que "Dieu a créé le ciel et la terre". »

La Bible dit que les Tables de la Loi étaient écrites sur deux faces, d'un côté et de l'autre (Ex. 32, 15). En vérité, il y avait d'un côté la Loi révélée à tous et, de l'autre, le texte ésotérique constitué de secrets.

Parole de Méir de Lublin : « Notre maître Moïse était bègue. Pourquoi ? Afin que les gens ne puissent pas prétendre que c'est parce qu'ils furent séduits par ses discours que les Hébreux s'exclamèrent : "Nous ferons et nous entendrons." »

Parole de Nahman de Braslav : « Dans tout livre est gravé le portrait de son auteur. »

Parole de Mendel de Kotzk : « Pourquoi parle-t-on du jour du don de la Torah et non de celui de sa réception ? C'est parce que le don a été le même pour tous, pas la réception... »

Parole de Mendel de Kotzk : « La liberté d'un homme est plus importante que la Torah. »

Eliezer ben Hanina disait que, durant vingt-six générations, la lettre *alef* n'avait cessé de protester auprès de Dieu :

« Maître du monde ! Je suis la première lettre de l'alphabet. Et pourtant tu as fait commencer le récit biblique par la lettre *beth* et non par moi. Pourquoi ? Que t'ai-je fait ? Quel est mon crime ?

– Le monde, répondit Dieu, n'a été créé qu'en prévision du don de la Loi. C'est pourquoi, quand j'énoncerai les Dix Commandements sur le mont Sinaï, je te fais la promesse que c'est par toi, *alef*, que je commencerai ! »

« Et la montagne était embrasée de feux qui s'élevaient jusqu'au cœur des cieux. » Rabbi Alexander expliquait ainsi ce verset du Deutéronome (4, 11) : « La Torah brûle de la flamme de l'enthousiasme jusqu'à ce que le cœur de l'homme parvienne à atteindre le ciel. »

« Le ciel a-t-il vraiment un cœur ? » s'interrogeait Mendel de Kotzk à propos de ce verset. Et il répondait : « Le feu du mont Sinaï a été si fort que les cœurs de tous ceux qui y assistaient sont devenus le cœur du ciel ! »

Quand Dieu voulut donner la Loi aux enfants d'Israël, il leur dit : « En voulez-vous ? »

Ils répondirent : « Oui ! »

Alors Dieu dit :

« Qui peut me garantir que vous l'appliquerez en effet ?

– Nos patriarches Abraham, Isaac et Jacob !

– Mais ignorez-vous qu'eux-mêmes ont besoin de garants ?

– Alors nos enfants seront nos garants ! »

C'est alors que Dieu accepta.

Un ministre demande à Zalmen de Liady (premier rabbi de Loubavitch) qui se trouvait en prison :

« Pourquoi vous, les juifs, vous réjouissez-vous ainsi à chaque fois que vous achevez la lecture du Pentateuque alors qu'il y est dit, à la fin du Deutéronome, que Moïse mourut ? Vous devriez plutôt, me semble-t-il, verser des larmes !

– En vérité, nous nous réjouissons justement parce que le Pentateuque nous annonce que Moïse est mort. Car s'il avait vécu éternellement, certains auraient imaginé qu'il était lui-même Dieu et que c'est la raison pour laquelle il avait fait pour nous tant de miracles. Nous savons désormais qu'il n'était que l'envoyé de Dieu ! »

Il est écrit dans le Deutéronome (1, 5) que Moïse se mit en devoir d'exposer la doctrine de la Torah. Et Rachi explique que Moïse la traduisit au peuple « en soixante-dix langues ». Qu'est-ce à dire ? Quel besoin avaient les Hébreux que la Torah leur fût traduite en des langues que, de toutes manières, ils ne parlaient pas et ne comprenaient pas ?

Selon le rabbin Yaakov Tsvi de Kellenburg, Rachi veut dire que Moïse a montré au peuple hébreu les soixante-dix visages, c'est-à-dire les multiples et diverses interprétations auxquelles la Torah pouvait se prêter.

Après que Dieu lui eut promis que sa « récompense serait grande » (Gn. 15, 1), le patriarche Abram – qui n'est pas encore devenu Abraham – « eut foi en l'Éternel », dit le récit biblique.

Le professeur Yeshayahou Leibowitz s'interroge : qu'avait donc besoin Dieu d'éprouver Abraham par l'histoire de la ligature d'Isaac ? Il s'agissait de savoir à quoi se résumait la foi du patriarche Abraham. S'agissait-il, pour lui, de recevoir une récompense ? L'épreuve de la ligature d'Isaac cherche à tirer au clair cette question : Dieu exige tout de lui sans la moindre promesse de récompense. Et Abraham accepte l'épreuve sans poser la moindre condition.

« Cet épisode biblique n'est pas destiné à donner à Dieu on ne sait quelle information sur la nature de la foi du patriarche, mais uniquement à montrer aux générations à venir ce qu'a été la foi du premier homme de l'histoire nommé par la Bible "l'Hébreu". »

L'un des penseurs juifs les plus originaux, Méir Simha Hacohen, se demande comment Moïse a osé briser les Tables de la Loi dont a priori rien n'égale la sainteté : « Il ne faut surtout pas imaginer que le Temple de Jérusalem soit saint consubstantiellement. Ce sont, au contraire, les hommes qui le sanctifient. Si ceux-ci ne respectent pas l'Alliance, il n'y a plus de sainteté. Ainsi Titus est entré dans le Saint des saints accompagné d'une prostituée et n'a cependant subi aucun mal. Les Tables de la Loi elles-mêmes ne sont saintes que dans la mesure où on applique ce qui y est écrit. Il n'est rien de saint dans le monde, excepté Dieu ! »

L'une des plus hautes autorités spirituelles du judaïsme marocain, le rabbin Haïm ben Attar (XVIIIe siècle), auteur du commentaire biblique *Or Hahaïm* (« Lumière de la vie »), connu comme un des plus éminents kabbalistes, s'est demandé comment Joseph, le vice-roi d'Égypte, a pu parvenir à interpréter le rêve de Pharaon. Était-il donc devin ?

« Joseph a compris le sens du rêve de Pharaon en écoutant le récit qui lui en était fait. Il est dit en effet : "Du fleuve sortaient sept vaches" (Gn. 41, 2) alors qu'il eût été plus logique d'écrire : sept vaches sortaient du fleuve. À moins que l'on ait voulu nous suggérer que l'existence elle-même de ces vaches dépendait du fleuve et de ses eaux ! D'où l'interprétation qu'il donna du rêve. »

Le grand philosophe Maïmonide explique à propos des visions décrites dans les livres des prophètes qu'elles ne sont pas des faits objectifs mais la vision d'événements présents dans la conscience du prophète. Il en est de même du passage consacré à la rencontre par le patriarche Jacob d'un « être divin » (Gn. 32, 31). Ce rêve signifie, selon Maïmonide, le combat que tout homme mène quotidiennement contre lui-même et contre Dieu.

Nahmanide, l'autre grand maître du judaïsme espagnol (XIIIe siècle), s'élève contre cette interprétation et demande : « Si vraiment cet épisode biblique ne s'est passé que dans la tête de Jacob, pourquoi la Bible dit-elle explicitement : "Il boitait alors, à cause de sa cuisse" (Gn. 32,32) ? »

Ce à quoi le fils de Maïmonide a

répondu : « Cela est dû simplement à un effet psychosomatique qu'a éprouvé le patriarche Jacob ! »

Quand Dieu se proposa de créer l'homme, les anges lui dirent : « Ne le crée pas, il n'est que querelles ! »

Mais quand Dieu observa que les anges eux-mêmes n'étaient pas tous d'accord là-dessus et qu'ils se querellaient d'abondance sur la question, il décida de ne pas tenir compte de leur avis. Après tout, on ne peut demander à l'homme d'être meilleur que les anges.

« Il y a, disait Yeshayahou Leibowitz, deux façons d'avoir la foi : il y a ceux qui croient en Dieu et ceux qui croient en l'aide de Dieu. Le juge Haïm Cohen, une haute personnalité intellectuelle israélienne, m'a dit un jour qu'après Auschwitz il avait perdu la foi en Dieu. Je lui ai répondu qu'il ne l'avait jamais eue ; il ne croyait en vérité qu'en l'aide de Dieu et, comme il ne l'avait pas eue, il a été déçu. C'est que la vraie foi ne dépend en aucune manière de l'aide que Dieu peut vous apporter ou pas. »

Étudier

Lévi Yitzhak de Berditchev disait : « La Torah commence par la lettre *beth* de même que tous les traités du Talmud débutent par la page 2. Pour dire que la finalité du savoir, c'est de savoir qu'on n'est pas même encore arrivé à la première lettre – *alef* – et qu'il s'agit, en tout et pour tout, de savoir qu'on ne sait pas. »

La différence entre l'étude et la prière ? Quand on prie, on parle avec Dieu ; quand on étudie, c'est Dieu qui vous parle !

On demande à Eisik Harif :

« Quelle proportion d'intelligents y a-t-il parmi les juifs ?

– Pas moins de dix pour cent puisque, selon la Bible, Moïse a nommé un responsable pour dix juifs !

– Et quelle est la proportion d'imbéciles ?

– Pas moins de dix pour cent, puisqu'il y a un ministre-officiant pour dix juifs ! »

La Torah commence par la lettre *beth* et finit par la lettre *lamed*. Les deux lettres forment le mot « cœur » (*lev*). Ce qui signifie que c'est le cœur que Dieu nous demande. Et qu'on ne peut comprendre réellement la Bible que si on y met tout son cœur !

Parole de Lévi Yitzhak de Berditchev : « La Torah, ce ne sont pas seulement les lettres noires qui composent le texte. Ce sont aussi les espaces blancs qui existent entre les lettres, les signes que nous ne savons pas lire. Dans le monde à venir, quand le messie viendra, le sens de ces espaces blancs et de ces signes nous sera révélé. »

Le Baal Chem Tov demande un jour à son élève Dov Ber de Mezeritch :

« Sais-tu étudier ?

– Oui !

– Connais-tu aussi la science de la kabbale ?

– Je crois ! »

Le maître tend le livre *Ets Haïm*

(« L'Arbre de vie ») de Haïm Vital (qui fut le disciple d'Isaac Louria, principale autorité de la kabbale moderne) à son élève et lui demande de commenter un passage. L'élève s'exécute mais le Baal Chem Tov ne dit pas un mot.

« Si vous connaissez une autre explication à ce texte, je suis prêt à l'écouter, maître ! » dit Dov Ber de Mezeritch.

Le Baal Chem Tov reprend mot pour mot le commentaire de son élève mais, tandis qu'il parle, on dirait que des braises ardentes sortent de sa bouche.

« Ton commentaire est bon, dit le Baal Chem Tov, mais je dois dire qu'il y manque l'essentiel : l'âme, le feu qui l'éclairent et lui donnent signification. »

Un commerçant juif vient demander conseil au rabbi Israël de Salant :

« Rabbi, je n'ai qu'une heure par jour à consacrer à l'étude. Que dois-je étudier, le Talmud ou la morale ?

– Il vaut mieux que tu consacres cette heure à étudier la morale parce que ainsi tu apprendras comment trouver, chaque jour, trois heures libres pour étudier le Talmud. »

Bounam de Psiskhé explique à ses élèves que tel homme ne connaît rien à la kabbale.

« Il a pourtant la réputation d'en être un expert ?

– Il est peut-être expert mais comme le sont ceux qui connaissent des villes parce qu'ils en ont consulté les cartes ; en vérité, ils ne connaissent pas l'âme de la cité. L'homme dont vous parlez n'a jamais visité la ville de la kabbale. Il ne l'a jamais vue de ses yeux. Or il faut s'imprégner des lumières de la kabbale pour la comprendre. C'est la raison pour laquelle dans le Zohar on dit au lecteur : "Viens voir !" (*ta hazé*) tandis que dans les récits du Talmud on dit : "Viens, écoute !" (*ta chma'*). »

Parole de rabbi Guerchon : « Quiconque se proclamerait kabbaliste et ne saurait pas à expliquer les théories de la kabbale de telle sorte qu'un enfant de six ans les comprenne n'est qu'un fieffé menteur. »

Parole de Dov Ber de Mezeritch : « Il faut parfois remuer de la cendre chaude pour obtenir une flamme. »

« Une ou deux années, disait Zeev de Strikov, suffisent à un homme pour comprendre une langue étrangère, mais je doute que soixante-dix ans lui suffisent pour comprendre sa propre langue. »

« Ce sont là les paroles que Moïse adressa à tout Israël (...) » (Dt. 1, 1). Rabbi Israël de Rizhin voit dans ce passage de la Bible une leçon de communication. En s'adressant au peuple, Moïse n'avait à lui dire que des propos de sagesse et de morale, mais il a su les associer avec des histoires et des récits ou des anecdotes et des apologues sur l'errance des Hébreux. Moïse dit ainsi aux futurs dirigeants du peuple : voici la manière dont il convient d'enseigner la Torah. Il faut l'entourer de légendes et de propos qui attirent les fidèles. Et c'est ainsi seulement qu'ils retiendront l'enseignement essentiel.

Quand rabbi Yaakov fut nommé rabbin à Lissa, il eut quelques opposants :

« Que me reprochez-vous ? leur demanda-t-il. Mes connaissances vous paraissent-elles vraiment insuffisantes ?

– Ce n'est pas cela qui nous préoccupe, rabbi. C'est que vous êtes encore très jeune !

– Si c'est le seul défaut que vous me trouvez, il s'agit là, je puis vous l'assurer, d'une chose appelée à disparaître. Chaque jour qui passe, je vous promets d'être de moins en moins jeune. »

Parole de Nahman de Braslav : « Chacune des sagesses du monde a sa propre mélodie. »

Parole de Mendel de Kotzk : « Le psalmiste dit : "Rendez grâce à celui qui fit les cieux avec sagesse." Avec sagesse ? Et avec quoi voudriez-vous que l'on fît le ciel ? Avec une aiguille et du fil ? Ce que veut dire, en vérité, le psalmiste, c'est que Dieu a fait le ciel afin que l'homme l'observe avec sagesse et qu'il connaisse, grâce à cela, la finalité du monde. »

Selon une légende, la Torah s'adressa à Dieu et lui dit : « Que deviendrai-je quand les enfants d'Israël s'installeront dans leur pays et que chacun s'occupera de sa vigne ? Qui prêtera alors la moindre attention à moi ? »

Dieu répondit : « J'ai prévu que tu aurais le samedi, jour du shabbat, pour compagnon : les juifs ne travaillent pas ce jour-là et ils pourront à loisir s'occuper de toi ! »

Un disciple d'un maître du hassidisme dit à un autre : « Votre rabbi dit des propos de Torah qui parviennent jusqu'au ciel. Notre rabbi à nous dit des commentaires de Torah qui descendent jusqu'aux tripes. »

Parole de Tzadok Hacohen de Lublin : « Le monde est le livre de Dieu et la Torah en est le commentaire. »

On a dit de Yonathan ben Ouziel, le disciple de Hillel, que quand il étudiait la Torah les oiseaux qui volaient au-dessus de sa tête étaient brûlés vifs par les flammes qui l'entouraient.

« Si le disciple était tel, dit Mendel de Kotzk, qu'est-ce que cela devait être du maître Hillel lui-même ? En vérité, la grandeur de celui-ci était telle qu'il parvenait à cacher le feu et à le rendre invisible, de sorte que les oiseaux pouvaient continuer à voler à leur guise. »

Un rabbin du XIXe siècle, Saül Natanson, dit un jour à ses élèves : « Je sais que vous me prenez tous pour un homme qui ne cesse d'étudier. Vous vous trompez ! Il y eut naguère un homme – il s'agit du Gaon de Vilna – qui fut, lui, un homme que terrifiait l'idée de consacrer du temps à autre chose qu'à l'étude de la Torah. Aussi bien s'était-il procuré un petit carnet dans lequel il prenait soin de noter les instants qu'il lui arrivait de consacrer à autre chose qu'à l'étude. Toutes les veilles de Kippour, il ouvrait ce carnet, faisait le décompte du temps perdu durant l'année et se mettait à pleurer et à demander pardon à Dieu.

À sa mort, quelqu'un eut la curiosité de consulter ce carnet. Il s'aperçut que le total du temps perdu par le maître à autre chose qu'à l'étude de la Torah ne dépassait pas trois heures. »

Un homme vient chez Mendel de Kotzk pour recevoir une bénédiction :

« Bénissez-moi, rabbi, afin que mes enfants étudient la Torah !

– Il faut que tu l'étudies toi-même afin que tes enfants prennent exemple sur toi. Sans quoi, eux-mêmes se contenteront de prier à leur tour pour que leurs enfants étudient la Torah ! »

Pourquoi appelle-t-on ceux qui ont beaucoup étudié la Torah « disciples des sages » ? Afin qu'ils sachent qu'ils ne sont encore que des disciples et qu'ils doivent continuer d'étudier !

Aryé Leib de Guèr est mort à l'âge de quatre-vingt-dix ans. Alors qu'il cherchait à consulter un des livres de sa bibliothèque, de nombreux ouvrages lui tombèrent sur la tête, le blessant sérieusement. À l'article de la mort, il trouva encore le moyen de plaisanter : « Toute ma vie, dit-il à ses amis réunis autour de lui, je n'ai fait que "m'attaquer" aux livres pour les dévorer. Aujourd'hui, il est normal qu'ils prennent leur vengeance et qu'ils "s'attaquent" à moi ! »

Parole d'Eisik Harif : « La bête se remplit le ventre ; l'homme, lui, doit se remplir la tête. »

« Que signifie, demande Mendel de Kotzk, la célébration de la fête de Simhat Torah ? Quelqu'un peut-il donc se réjouir de ce qu'il a appris ? Qui pourrait avoir une telle arrogance ? En vérité, il s'agit de la joie de savoir que, bien que l'on soit arrivé à la fin du Pentateuque, on n'en connaît pas même le début ! »

Menahem de Tchernobyl, lui, considère que la joie dont il est question ici est celle que la Torah éprouve en voyant les juifs heureux de l'étudier !

Parole d'Abraham Ibn Ezra : « Quiconque croit à des choses contraires à l'intelligence et à la raison méprise du même coup le plus beau cadeau que Dieu lui ait fait. »

Parole de Nahman de Braslav : « Là où s'achève la logique commence la foi. »

Commenter la Bible ? C'est essentiellement cela, selon Shalom Rosenberg, qui a façonné l'âme collective mais également l'être individuel des juifs. « Dieu n'est guère impressionné par les Sept Merveilles du monde antique ni même par l'architecture postmoderne qui veut nous éblouir... Quand je cherche les vestiges que les patriarches et les matriarches de mon peuple ont laissés dans mon pays, je n'y trouve ni des arcs de triomphe ni des pyramides de maisons d'esclaves. Quand le roi Joïakim a voulu ériger un palais, le prophète Jérémie l'a apostrophé ainsi : "Malheur à qui bâtit sa maison à l'aide de l'injustice et surélève ses appartements au prix de l'iniquité, qui fait travailler son prochain pour rien, sans lui donner de salaire..." (22, 13). Mon archéologie à moi est d'abord inscrite dans un livre – dans les paroles des prophètes – et ensuite seulement dans les pierres. »

Prier

On interroge un jour le grand maître hassidique Yehouda Tsvi de Stretyn :

« Mais comment arrivez-vous à vous rappeler, dans vos prières, les noms et les requêtes particulières de tous ceux qui vous demandent d'intercéder en leur faveur ?

– En vérité, il n'est pas nécessaire que je les cite tous nommément. Quand quelqu'un me fait part de ses douleurs, mon cœur se les approprie à tel point qu'elles y creusent un sillon. De sorte que, lorsque arrive le moment de prier, je n'ai plus qu'à ouvrir mon cœur brisé. J'implore Dieu en lui disant : "Regarde ces sillons !" Et cela suffit... »

« Depuis que vous êtes entré à la synagogue, vous ne dites pas un mot, rabbi, alors qu'autour de vous les gens prient !

– C'est vrai. Mais depuis que j'ai prononcé les premiers mots de l'office : "Je me prosterne devant toi", je n'arrête pas de méditer sur les significations de ce "je" et de ce "toi"... »

Pour quelle raison les juifs se dandinent-ils au moment de faire leurs prières ? Selon le poète et théologien Judah Halévy, l'explication est simple : à l'origine, le manque de livres faisait souvent que dix hommes étaient obligés d'avoir recours à un seul livre. Il leur fallait donc se dandiner dans tous les sens pour parvenir à déchiffrer le texte.

Puis l'habitude ayant été prise...

« La voix est celle de Jacob mais les mains sont celles d'Ésaü » (Gn. 27, 22). À propos de ce verset de la Bible, un maître de la tradition juive disait : « Il y a des juifs qui, quand il s'agit de prier et de donner de la voix, sont parfaits. Mais ils sont absents quand, au contraire, la main doit donner un peu d'argent aux pauvres et aux nécessiteux ! »

Dans le Psaume 130, il est dit : « Seigneur, écoute ma voix ! » Cela signifie, selon un maître hassidique : « Écoute les mots qu'il y a dans ma voix et que je n'ai pas réussi à formuler, ceux qui sont à l'intérieur de mon cœur et qui ne parviennent pas à en trouver la sortie. »

« Et ils me construiront un sanctuaire pour que je réside au milieu d'eux » (Ex. 25, 2). Mendel de Kotzk expliquait ainsi ce verset de la Bible : « Tout homme doit ménager dans son être un espace de sainteté où la Présence divine puisse s'installer. »

Rabbi Aryé Leib de Guèr commentait ainsi le verset des Psaumes « Ma prière s'élève vers toi, Éternel, au moment propice » (69, 14) :

« Que signifie la formule "au moment propice" s'agissant de Dieu ? Voudrait-on nous faire croire qu'il y aurait, chez lui, des moments qui sont propices et d'autres qui ne le seraient pas ? En vérité, c'est de l'homme qu'il est question ici. Il y a des jours de vide et des jours sublimes. Il est des moments où le cœur de l'homme ressemble à un bouquet de fleurs et d'autres où il est comme un bourgeon fané. Dans ce verset, nous demandons à Dieu de faire en sorte que notre cœur soit accessible à la foi et à la confiance. »

Parole de Mendel de Kotzk : « Quand on se tient sur une échelle, on prend soin de vérifier, avant de continuer à monter, que l'on ne risque pas de tomber. Eh bien c'est ainsi que l'on doit se conduire dans le service de Dieu : on doit gravir progressivement échelon après échelon. »

Rabbi Zoussya entre à la synagogue le soir de Kippour à l'heure de la prière du *Kol Nidré*. Il voit des visages graves, certains en larmes. La ferveur est grande parmi les fidèles. Alors il s'approche de l'Arche où l'on place les Rouleaux de la Loi et il dit : « Maître du monde, ne serait-ce que pour cette ferveur et pour qu'ils prient dans un tel enthousiasme, cela valait le coup que les juifs commettent des péchés. Car s'ils n'avaient pas péché, peux-tu me dire comment tu pourrais entendre des prières aussi belles et aussi émouvantes ? »

Parole de Mendel de Kotzk : « Pourquoi dit-on qu'il faut prier avec gravité ? Existerait-il donc quelque chose dans le monde que l'on pourrait faire sans gravité ? »

Nombreux étaient les fidèles qui venaient demander audience à Mendel de Kotzk ; mais il avait la réputation de n'en recevoir à chaque fois qu'un très petit nombre. Un jour, son assistant fait entrer dans le bureau du rabbi un paysan alors que des hommes de renom attendent depuis des heures d'être reçus. Le paysan vient demander au rabbi de prier pour la santé de sa vache malade dont dépend la subsistance de sa famille.

« Quoi ? s'étonnèrent les hommes dans la salle d'attente. Vous voulez dire que nous sommes condamnés à attendre ici pendant que le rabbi prie pour la santé d'une vache ?

– Je préfère, répondit Mendel de Kotzk, recevoir un juif qui parle de vache en pensant à une vache plutôt que certains fidèles qui parlent de Dieu et pensent à leur vache ! »

Parole de Mordekhay Yossef : « Il est écrit : "Vous avez été rebelles avec le Seigneur" (Dt. 9, 24). On aurait dû écrire "contre" Dieu plutôt qu'"avec". Mais cela signifie sans doute qu'un juif peut se révolter en étant encore du côté de Dieu. »

Yaakov Yitzhak de Lublin expliqua un jour à ses disciples comment servir Dieu : « Il y a différents portails dans le service de Dieu. Chaque porte s'ouvre avec une clé qui correspond au caractère de l'homme qui demande à entrer. Il y a des portes qu'ouvre la joie et d'autres qui ne s'ouvrent qu'au moyen des larmes. Il est des portes qui ne s'ouvrent que parce qu'on a prononcé des mots de louange et d'autres que seuls les supplications, les aveux et les confessions peuvent forcer. Il y a des portes qui ne cèdent que devant l'amour et d'autres seulement devant la crainte. »

« Le Baal Chem Tov nous a dit un jour, raconte un de ceux qui ont été ses élèves, qu'il existait dans un village non loin de Medzibozh un juif ordinaire qui était pourtant un des grands justes de sa génération.

Nous allâmes trouver ce villageois. Il ne connaissait rien à la Torah. Il savait seulement le *alef-beth* et il révisait cet alphabet toute la journée dans les champs. Quand il l'eut bien appris, il s'adressa ainsi à Dieu : "Maître du monde, tu as créé l'alphabet avec lequel se forment tous les mots, les prières, les louanges et les supplications. Moi, je ne sais absolument pas comment te prier. Mais je vais réciter devant toi toutes les lettres de l'alphabet. Tu n'as qu'à en faire de belles supplications !" »

Rabbi Moché Leib de Sassov se trouvait un jour à la montagne et il entendit la voix d'un berger en train de chanter un Psaume. Il marcha dans sa direction et, quand il fut à sa hauteur, il entendit le berger dire :

« Maître du monde, de même que je me conduis en berger loyal avec mon troupeau, puisses-tu conduire, toi aussi, ton troupeau Israël avec loyauté.

– Sache, intervint le rabbi, qu'il y a une prière spéciale établie dans le rituel que l'on doit lire après la récitation des Psaumes.

– Dorénavant, je ferai la prière que vous me dites », dit le berger.

Aussitôt qu'il s'éloigna, le rabbi entendit une « voix céleste » lui dire : « Reviens sur tes pas et dis à ce berger qu'il peut achever la récitation des Psaumes par son texte qui a trouvé grâce auprès de Dieu autant que les Psaumes de David eux-mêmes. »

Parole du rabbi de Koznitz : « Ce n'est pas parce que dix juifs prient ensemble à la synagogue que la prière est publique. En effet, chacun prie en fonction de ses besoins : l'un pour son olivier, l'autre pour sa subsistance, un troisième pour accéder à des honneurs et un autre enfin pour posséder des richesses. La vraie prière publique, c'est lorsque dix juifs sont unis dans l'idée de chanter ensemble l'unicité de Dieu : "L'Éternel est notre Dieu, l'Éternel est Un." »

« Vous serez des hommes saints devant moi » (Ex. 22, 30). Le rabbi Mendel de Kotzk explique ainsi ce verset biblique : « Dieu demande aux hommes de sanctifier leurs actions humaines : voilà en vérité la sainteté qu'il veut. Il ne veut pas que nous soyons des anges : il en a suffisamment au ciel ! »

Parole de Pinhas de Koritz : « Jamais je n'ai cherché à obtenir de Dieu quelque chose. Je reçois simplement ce qu'il me donne. »

Parole de Yehezkel de Kouzmir : « Quiconque considère qu'il n'est pas nécessaire d'appliquer les Commandements et que tout ce que Dieu nous demande, c'est un cœur pur et de bonnes intentions se verra lui aussi récompensé seulement par de bonnes intentions de la part de Dieu. »

Rabbi Mendel de Kotzk disait que tout homme doit annoncer, avant de se mettre en état de prier, qu'il accepte le

Commandement : « Tu aimeras ton prochain comme toi-même » et que sa prière n'est pas seulement personnelle, sans quoi elle constituerait une forme de vol.

Parole de Moché Leib de Sassov : « Avez-vous fait attention à cette curiosité ? Si neuf hommes parmi les plus grands sages du peuple d'Israël, tous érudits et craignant Dieu, sont réunis, ils ne peuvent pas constituer le quorum nécessaire pour une prière publique. Mais il suffit que dix hommes parmi les plus humbles, même s'ils sont analphabètes, se réunissent pour que cette prière publique puisse avoir lieu. »

Parole du Baal Chem Tov : « Si vraiment tu aimes Dieu, cela se reconnaît à ton amour des hommes. »

Quand Naftali de Ropshitz était enfant, il s'entendit dire un jour :

« Je te donne un sou si tu me dis où se trouve Dieu.

– Et moi, répondit-il, je t'en donne deux si tu me dis où il ne se trouve pas. »

Parole de Mendel de Kotzk : « De même que l'homme supplie son créateur d'ouvrir devant lui les portes du ciel, de même Dieu supplie-t-il l'homme d'ouvrir les portes de son cœur ! »

Parole du Baal Chem Tov : « Même la feuille de l'arbre remuée par le vent qui l'agite exprime la volonté de Dieu. »

Pourquoi évoque-t-on, dans la liturgie juive de tous les jours, « le Dieu d'Abraham, le Dieu d'Isaac et le Dieu de Jacob » ? Pourquoi, en fait, ne dit-on pas : Dieu d'Abraham, d'Isaac et de Jacob ?

C'est pour insister sur le fait que chacun des patriarches est arrivé par ses propres forces et par des réflexions personnelles à la connaissance de Dieu. À chacun sa façon d'adorer Dieu.

Yaakov Yitzhak de Lublin disait : « Quel Dieu serait-ce donc celui qu'on ne pourrait servir que d'une seule et unique façon ? »

Mendel de Kotzk disait : « Les voies de Dieu sont impénétrables, dit-on. Assurément. Je n'aurais jamais accepté, en aucune façon, de servir un Dieu dont les voies auraient été à la portée de la compréhension de l'homme. »

Parole de Nahman de Braslav : « Il arrive qu'un homme, occupé à servir Dieu, obtienne en un quart d'heure ce que tel autre n'a pas obtenu en soixante-dix ans. »

Le récit biblique dit qu'Isaac « sortit dans les champs pour se livrer à la méditation » (Gn. 24, 63). Les commentateurs expliquent qu'il était sorti en fait pour prier dans la campagne. Mais, en ce cas, pourquoi la Bible ne le dit-elle pas explicitement ?

Sans doute est-ce parce que le service de Dieu doit être discret, silencieux et sans tam-tam. Il ne faut pas que l'homme proclame sa foi à tous les vents et de manière ostensible.

Parole de Mendel de Kotzk : « Dieu habite là où on le laisse entrer. »

« Maître du monde, disait Lévi Yitzhak de Berditchev en s'adressant à Dieu, si tu refuses d'exaucer mes prières, je ne les dirai plus ! »

Parole de Mikhal de Zlotchov : « Priez pour vos adversaires eux-mêmes afin que tout aille bien pour eux : voilà le vrai service de Dieu. »

Un *hassid* vient demander au rabbi Abraham de Pehitik :

« Je viens chercher auprès de vous la crainte de Dieu.

– Nous enseignons ici l'amour de Dieu !

– C'est encore mieux : par l'amour j'arriverai sûrement à la crainte de Dieu. »

Israël de Rizhin dit à ses élèves : « Quand mon maître le Baal Chem Tov se trouvait confronté à une grave question et qu'il n'entrevoyait pas de solution, il allait dans la forêt, s'installait dans un coin particulier, y faisait du feu et priait ; et cela l'aidait beaucoup.

Son élève Yaakov Yossef ne savait plus où se trouvait la forêt mais il connaissait encore la prière et cela aussi l'aidait.

L'élève de Yaakov Yossef, lui, ne connaissait plus la prière mais il en savait l'intention profonde.

Quant à moi, je ne sais pas où se trouve la forêt ni où se trouve le coin particulier ; je ne connais ni la prière ni son intention. La seule chose que je me rappelle, c'est cette histoire.

Et cela aussi peut aider... »

Rabbi Hanokh Alexander disait : « Nombreux sont ceux qui croient qu'il y a un Dieu au ciel. Le vrai croyant est celui qui est convaincu que Dieu gouverne aussi la terre. Nombreux sont ceux qui croient en un monde futur. Le vrai croyant est celui qui pense que le monde futur est aussi dans ce monde-ci et, de plus, que les deux mondes n'en sont qu'un, en vérité. »

Parole de Mendel de Kotzk : « Tout le monde prie pour que Dieu réalise notre volonté. Or la vraie foi consiste à faire, au contraire, la volonté de Dieu. »

Parole de Lévi Yitzhak de Berditchev : « Que ta prière soit une fenêtre ouverte sur le ciel. »

Parole de Haïm de Czanz : « Avant de prier, je prie pour que ma prière soit une bonne prière ! »

Parole d'Aaron de Strosyla : « La foi et la confiance ont été créées ensemble. Quiconque croit a confiance. Celui qui n'a pas confiance, c'est là le signe qu'il n'a pas la foi. »

Parole d'Israël de Rizhin : « Ce n'est pas parce qu'ils ont été sauvés par le miracle de la mer Rouge dont les eaux se sont fendues que les Hébreux se sont mis à chanter, mais parce que ce miracle a fortifié leur confiance en Dieu ainsi que le dit le texte : "Et ils eurent foi en l'Éternel" (Ex. 14, 31). »

« Tu aimeras l'Éternel, ton Dieu, de tout ton cœur, de toute ton âme et de tout ton pouvoir » (Dt. 6, 5). Un docteur de la Loi voit dans ces formules les trois degrés de l'amour de Dieu : « Le plus facile c'est "de tout ton cœur", bien que ce ne soit pas à la portée de tous ; "de toute ton âme" suppose un grand don de soi ; "de tout ton pouvoir" est la chose la plus difficile car il s'agit de se réjouir pour le mal que l'on reçoit de Dieu comme on se réjouirait pour le bien qui nous arrive. »

Parole d'Ouri de Strelisk : « Nous ne savons absolument pas de quelle façon nous devons prier. Tout ce que nous savons, c'est crier au secours selon le besoin et la détresse du moment. »

Voici le texte d'une prière rédigé par le maître hassidique Nahman de Braslav :

« Que ce soit Ta volonté, notre Dieu et

Dieu de nos pères, d'éliminer de la surface de la terre les guerres et le versement de sang ; d'installer dans le monde une paix grande et belle ; qu'aucun peuple ne lève l'épée contre un autre peuple et qu'ils n'apprennent plus le métier de la guerre ; que tous les habitants de la terre reconnaissent la Vérité et soient conscients de ce que nous ne sommes pas venus au monde pour la querelle et le conflit, la haine, la jalousie et les vexations, ni pour verser du sang, mais pour te connaître à jamais ! »

Moïse dit : « Je suppliai l'Éternel à cette époque... mais l'Éternel ne m'exauça pas » (Dt. 3, 23). Il existe en fait, selon Shalom Rosenberg, différentes sortes de prière. La première peut être comparée à une flûte grâce à laquelle le fidèle exprime sa musique intérieure, son monde personnel. Il s'agit là d'une prière spontanée, intime et vraie, grandiose par sa simplicité et son authenticité. Mais ce type de prière contient et exprime également un brin d'égoïsme et de stupidité.

Le second type est le contraire du précédent : le fidèle est lui-même l'instrument de la prière. Il est partie d'un ensemble. Ce qui était dit au singulier devient un pluriel. La prière devient alors devoir ou service du cœur. Le rituel chante en nous, en même temps qu'il constitue un ensemble : la synagogue.

La prière est supplication, chant mais aussi conversation. Il nous est enjoint de nous entretenir avec Dieu, par l'intermédiaire de son image qui est en nous. Et tout le reste est secondaire. À ce genre de conversation tout le monde peut participer, croyant ou pas. Ainsi, il existe bien des juifs qui rejettent la Torah, parfois à cause de la tragédie qu'a été leur histoire. Ils sont a priori athées mais il est curieux que, bien qu'ils contestent jusqu'à son existence, ils soient en colère contre Dieu. Et pas n'importe quel Dieu mais le Saint-béni-soit-Il, le Dieu d'Israël.

« Et cette conscience, à elle seule, fait d'eux de grands juifs. »

Rire et larmes

On raconte à propos d'Isaac Luria (1540-1572), un des plus grands maîtres kabbalistes de tous les temps, qu'il avait pris l'habitude de se promener chaque matin, à l'aube, sur le bord du Nil. Il s'en expliquait ainsi : « Pour pénétrer la réelle signification des versets et des lois de la Bible, il me faut essayer d'entendre les pleurs du bébé Moïse dans les roseaux... Car seul est en état de comprendre les paroles de Moïse celui qui a été capable d'*entendre* ses pleurs quand il était bébé. »

Parole de Chlomo de Karlin : « Ce que Dieu veut recevoir de toi, ce n'est ni la prière ni l'étude mais le soupir de ton cœur. »

Parole de Lévi Yitzhak de Berditchev : « Les poèmes ont été écrits par des poètes mais ils ont été ensuite si bien mouillés et attendris par les larmes du peuple d'Israël qu'ils sont devenus prières. »

Parole de Yaakov Reiness : « Les larmes des juifs ? Il n'est pas nécessaire de les entendre. On peut les voir : elles sont étalées sur les visages. Ainsi est-il dit à propos de Moïse : "La fille de Pharaon *vit* l'enfant pleurant" (Ex. 2, 6). »

Parole de Tzadok Hacohen de Lublin : « Les vraies racines d'un homme se trouvent là où il se réfugie quand il se trouve en détresse. »

Bounam de Psiskhé dit : « Un jour j'ai voulu raconter devant un public nombreux une histoire ordinaire. Je savais qu'elle déclencherait un grand rire. J'ai été tenté de m'abstenir en me disant qu'en écoutant cette histoire les gens cesseraient, du même coup, de me considérer comme un vrai rabbi et me prendraient pour un persifleur.

Puis je me suis dit que je devais la raconter. Je m'étais en effet rappelé que Pinhas de Koritz avait dit que tous les plaisirs venaient de Dieu, y compris celui que procurent les histoires drôles, les plaisanteries et les mots d'esprit. J'en avais assez d'être rabbin. Je sautai le pas et racontai donc l'histoire : ce fut une explosion de rire.

Et curieusement, les *hassidim* furent plus nombreux qu'auparavant à s'adresser à moi et à me demander conseil. »

Un homme vient raconter au rabbi de Loubavitch les malheurs et les souffrances qui frappent la communauté juive. Le rabbi ne réagit pas :

« Je m'étonne, rabbi, que ces nouvelles ne vous tirent pas le moindre soupir !

– C'est parce que mon père – que sa mémoire soit bénédiction – disait qu'un seul acte est préférable à cent soupirs. »

Parole de Tsvi Hirsch de Tomatchov : « La vieillesse n'est pas toujours une question de nombre d'années. Il y a des gens qui naissent vieux. »

Le maître hassidique Aaron de Karlin disait : « L'amertume ? D'accord ! Mais pas la mélancolie, parce qu'en vérité il n'y a rien de pire. La différence entre les deux ? L'amertume signifie : je ne possède rien. La mélancolie, elle, veut dire : ma situation est sans issue, je suis perdu ! »

Nahman de Braslav, l'arrière-petit-fils du Baal Chem Tov, interprétait ainsi le verset « Et tu te réjouiras pour tout le bien que l'Éternel t'aura donné » (Dt. 26, 11) : « Il faut que les larmes elles-mêmes qu'un homme verse devant Dieu soient provoquées plutôt par la joie que par la mélancolie. »

Un *hassid*, disciple du célèbre rabbi Mendel de Kotzk, avait la réputation d'appliquer tous les Commandements religieux (les *mitzvot*) dans la joie. Ainsi, même quand il fut vieux, il se mettait à chanter et à danser avec les jeunes à l'heure de la prière.

Alors qu'il se prépare à mourir, ses amis viennent l'assister. Le *hassid* a les yeux fermés mais il a encore la force de murmurer un Psaume. Puis, il s'adresse en un dernier effort à l'une des personnes présentes et lui dit : « Je regrette vivement de ne pas pouvoir me réjouir et danser avec vous. J'ai en effet le sentiment que Dieu a décidé de me rappeler à lui. Et si c'est la volonté de l'Éternel, il s'agit là d'une *mitzva*, d'un Commandement. Comment ne pas l'appliquer dans la joie et l'allégresse ? »

Le maître Aaron de Karlin disait : « La joie n'est pas un Commandement mais elle peut conduire à des actions méritoires.

La mélancolie n'est pas un péché mais elle peut mener à toutes les dérives. »

Parole de Nahman de Braslav : « Malheur aux gens qui ne donnent pas plus de sens à leurs larmes qu'ils n'en donnent à leur rire. »

« Savez-vous, demandait Nahman de Braslav à ses disciples, pourquoi le Zohar parle du roi David comme d'un "roi farceur" ? C'est parce qu'il racontait à Dieu lui-même des histoires drôles, ainsi qu'il est écrit (II Sam. 6, 16) : "Le roi David sautait et dansait devant le Seigneur" ! »

Israël de Salant était connu pour n'avoir jamais prononcé une parole vaine. Un jour pourtant, toute la ville l'a vu sur la place du village en train de plaisanter d'abondance avec un homme et lui dire des choses légères. Étonnés, ses disciples attendent l'occasion d'obtenir de leur maître quelque explication : « Les choses sont pourtant simples, leur dit-il. Cet homme était dans un état proche de la dépression. Il était amer et se faisait de la bile. J'ai considéré comme un véritable devoir religieux de ma part de voler à son secours et de lui tenir des propos de nature à lui faire oublier, l'espace d'un instant, ses soucis et son amertume. »

« La grandeur des larmes, disait Nahman de Braslav, c'est quand elles proviennent de la joie et non de la tristesse. »

Parole de Nahman de Braslav : « Les larmes ouvrent les portes ; le chant, lui, détruit les murailles. »

Isaac Nahman Steinberg était un juif orthodoxe en même temps qu'un révolutionnaire communiste en 1917 en Russie. Il commentait ainsi le souci de Rivka, l'épouse du patriarche Isaac, de voir son fils Jacob épouser une femme appartenant au peuple hébreu (Gn. 26, 35) : « Nous nous tournons vers tous les peuples et nous leur disons solennellement : nous voulons être vos frères mais pas forcément vos beaux-frères ! »

Le mauvais penchant

À propos du verset de l'Ecclésiaste (7, 1) « Un bon renom est préférable à l'huile parfumée », Shalom Rosenberg observe : « Très souvent, cette mouche qu'est le mauvais instinct parvient à détruire l'honneur et la réputation d'un homme. Mais nous sommes également avertis contre d'autres sortes de mouches : il s'agit des calomniateurs. De même que les mouches ne se posent que sur des endroits malpropres, de même les calomniateurs ne prêtent attention qu'aux mauvais côtés et aux défauts d'autrui. »

« Pourquoi n'entend-on plus parler de nos jours du *dibbouk* (possession par l'esprit d'un défunt) ?

– Parce que, dit Mendel de Kotzk, aujourd'hui personne ne sait le chasser... »

Les hommes de Sodome étaient des pervers. Mais le pire c'est qu'ils cherchaient à faire passer leur perversité pour de la justice et de la loyauté. Ils se considéraient comme des gens irréprochables !

Parole de Naftali de Ropshitz : « Dans mon enfance, quand je me réveillais tôt pour la prière du matin, le mauvais penchant venait me voir et me disait sur un ton affable : "Pourquoi te presses-tu ainsi ? Il fait encore nuit dehors ! De plus, il fait aujourd'hui très froid. Tu as le temps ! Dors encore un peu !" Alors je m'emportais contre lui et je lui disais : "Et toi-même qui me parles ainsi, n'es-tu pas déjà en train de travailler ?" »

Naftali de Ropshitz admoneste son fils âgé de dix ans :

« Ce que tu as fait là n'est pas bien !

– Et que pouvais-je faire, père ? L'instinct du mal m'a vaincu !

– Justement, tu devrais t'inspirer de lui : lui fait convenablement le travail pour lequel il a été créé...

– Oui, mais lui n'a pas un instinct du mal qui le pousse à ne pas remplir sa mission ! »

Parole de Jonathan Eibschitz : « La plupart des querelles entre juifs éclatent le jour du samedi parce que ce jour-là les gens ne travaillent pas et qu'ils sont disponibles. C'est pourquoi la Torah dit : "Ne faites pas du feu" (Ex. 35, 3). Le feu dont il est question est aussi celui des conflits. »

Parole de Dov Ber de Mezeritch : « Dans tout homme, il y a un Caïn et un Abel. »

Rabbi Yitzhak Méir de Guèr disait : « On sait qu'au moment où Dieu a révélé la Torah au peuple d'Israël, il a menacé de retourner la montagne sur lui comme un entonnoir. Mais cela est d'autant plus curieux que le peuple avait déjà proclamé avec solennité : "Nous ferons et nous entendrons" (Ex. 24, 7).

En vérité, au moment où le peuple se tenait au pied de la montagne et qu'il entendit les Dix Paroles : "Tu ne tueras pas", "Tu ne voleras pas", etc., les "belles âmes" d'Israël haussèrent les épaules. Quoi ? Et c'est pour nous dire cela qu'on nous a dérangés alors que nous nous attendions à des proclamations plus profondes et plus substantielles ! C'est à nous que l'on dit : "Tu ne voleras pas",

"Tu ne convoiteras pas" ? Non mais, pour qui nous prend-on ?

Tous firent mine de vouloir se retirer du mont Sinaï.

C'est alors que Moïse retourna la montagne sur eux et leur dit : surtout ne bougez pas. Cela vous concerne vous aussi ! Car si vous analysez les choses en profondeur, vous vous apercevrez qu'il y a, en chacun de vous aussi, une petite part du mauvais penchant, du mauvais instinct du vol, de celui du meurtre et certainement de celui de la course au profit. Vous imaginez sans doute que vous êtes à l'abri de tout cela ? Eh bien non : "Tu ne tueras pas", "Tu ne voleras pas", "Tu ne te prostitueras pas"... »

« Ne sois pas juste à l'excès » (Eccl. 7, 16). Le rabbi de Zlotchov commentait ainsi ce verset : « De même que le mauvais instinct pousse un homme à commettre des péchés, de même le pousse-t-il parfois à vouloir être un grand juste, un homme exceptionnel... »

Un riche commerçant vient voir le rabbi Haïm Waks et lui révèle que si l'astuce qu'il vient de mettre au point dans ses affaires commerciales fonctionne, il est appelé à gagner beaucoup d'argent. « La Torah nous raconte, lui répond le rabbi, que les Dix Commandements ont été écrits recto verso. C'est pour insister sur l'idée que, même si on retourne les Tables de la Loi, on y trouvera gravée, de toutes façons, la formule : "Tu ne voleras pas." »

Parole de Mendel de Kotzk : « Il arrive parfois que l'esprit du mal utilise une bonne action pour s'introduire chez un homme. »

« Quand le cœur est vide et que l'on n'y trouve ni les enseignements de la Torah ni ceux des valeurs humaines, il se remplit forcément de violence et de méchanceté. »

Parole de Yehochoua ben Hanania : « Qu'appelle-t-on un pieux fou ? C'est celui qui, voyant une femme en train de se noyer, détourne son regard en disant : il m'est interdit de regarder une femme nue. »

Quand rabbi Tsvi Elimelekh de Dinov mourut, rabbi Chalom de Baelz dit à son épouse :

« C'est assurément un bon juif qui vient de mourir !

– Il n'était pas seulement un bon juif, tu sais bien qu'il était aussi un rabbin connu ! lui dit sa femme.

– Des rabbins connus, il y en a beaucoup, Dieu merci ! Mais les bons juifs, tu sais, sont plutôt rares. »

Mendel de Kotzk disait : « Selon le prophète Isaïe, "le pervers doit abandonner sa voie" (55, 7) ! Le méchant a-t-il donc une quelconque voie ? Comment aurait-il le moindre chemin puisqu'il est embourbé ? Ce que le prophète veut dire, c'est que le pervers doit abandonner l'imagination mensongère qui lui fait croire qu'il suit une voie ! »

« À chaque génération, disait Aryé Leib de Sapoli, il faut combattre le mauvais penchant par de nouvelles méthodes parce que les anciennes, il les connaît déjà. Toutes. »

« C'est par le regard, disait Nahman de Braslav, que commence la perversité. »

Parole d'Aaron de Karlin : « Il est bien plus difficile de purifier sa pensée que de laver son corps. »

« L'envie, disait un sage, s'exprime toujours au cours de l'enfance, la volupté se manifeste à l'âge de la maturité. Quant aux honneurs, c'est lors de la vieillesse qu'on en éprouve le besoin. »

Laban dit à Jacob : « J'ai le pouvoir de vous faire du mal » (Gn. 31, 29). Où l'on voit que les pervers se vantent de leur perversité et cherchent, grâce à elle, à devenir célèbres.

Il est écrit que le sage est celui qui apprend de tout homme. « Cela signifie, disait le rabbi de Mezeritch, qu'il faut regarder son prochain comme on se regarde dans un miroir. Il faut observer attentivement ses défauts pour corriger les siens propres. »

Parole de Moché de Pechboursk : « Dans le péché, l'homme est content avant de l'avoir commis ; dans la bonne action, après. »

Dieu dit à Israël : « Vois, je vous propose d'une part la bénédiction et d'autre part la malédiction » (Dt. 11, 26).

Selon Hanokh Alexander, le juste dit : « Faisons du bien aujourd'hui car qui sait ce que demain sera. » Le pervers, lui, dit : « Mangeons et buvons car demain nous serons assurément morts. »

Selon le récit de la Genèse (29, 25), le patriarche Jacob fut trompé par son beau-père Laban : au lieu de la cadette Rachel qui lui avait été promise pour épouse, il trouva dans son lit, le matin venu, l'aînée Léa.

Il lui dit : « Tu es une tricheuse, fille de tricheur ! »

Elle lui répondit : « Tu peux parler, toi ! En fait de mensonges, tu en connais un rayon ! Toi-même, n'as-tu pas été tricheur quand ton père t'a appelé Ésaü et que tu lui répondis : "Oui, c'est moi !" ? »

À propos de la Shoah, Shalom Rosenberg raconte une histoire qu'il tient de son collègue de l'université Mikhaël Tsvi Nehoray : « Un juif arrive au ciel et demande à entrer au paradis. On consulte le dossier de son activité terrestre et l'on découvre qu'il n'est guère fameux. Dans son désespoir, le juif s'adresse à Dieu : "Tu veux dire que pour Hitler, j'étais un vrai juif mais pas pour Toi !" Dieu dit alors : "Hitler a eu raison." On lui ouvrit les portes du paradis. »

Désespérer

Hanokh Alexander aimait raconter cette histoire :

« Un homme était tellement absent à lui-même que, chaque matin quand il se réveillait, il ne savait pas où il avait déposé, la veille, ses vêtements. Du coup, il avait peur de se déshabiller avant de se coucher. Il eut un jour l'idée de noter sur un bout de papier l'endroit où il déposerait chacun de ses vêtements. Le lendemain, il les ramassa l'un après l'autre en consultant son bout de papier. Puis il dit : "J'ai retrouvé tous mes vêtements, mais moi-même, où suis-je ?" Et au fond, conclut Hanokh Alexander, nous ressemblons tous, peu ou prou, à cet homme. »

Parole de Mendel de Kotzk : « Le pouvoir de l'oubli est tel qu'il peut conduire à oublier le verset "Peut-être oublieras-tu l'Éternel, ton Dieu ?" (Dt. 8, 14) »

Parole de Baroukh de Medzibozh : « Qu'il est bon et lumineux ce monde-ci quand on ne s'y perd pas. Mais que de ténèbres pour celui qui s'y perd ! »

Parole du Baal Chem Tov : « Le monde est plein de merveilles, de mystères splendides et redoutables. Et la petite main de l'homme se pose sur ses yeux pour voiler la frémissante lumière. »

Parole de Mendel de Kotzk : « Celui qui croit qu'il a fini est fini lui-même. »

Parole d'Elimelekh de Lisensk : « Il n'est pas de chose matérielle qui ne contienne, en vérité, des étincelles de spiritualité. »

Parole de Guerchon de Radzin : « L'homme triste n'a pas besoin de raison particulière pour être coléreux. Dès son réveil, il s'emporte contre le monde entier. Il en veut à chacun. À ses yeux, le monde entier est coupable. C'est la raison pour laquelle, en prenant congé de ses frères, Joseph, le vice-roi d'Égypte, leur a dit : "Et maintenant, ne vous affligez point, ne soyez pas irrités contre vous-mêmes !" (Gn. 45, 5) »

« Pourquoi, demande Mendel de Kotzk, Dieu a-t-il pardonné le péché du Veau d'or bien que les Hébreux ne s'en soient pas explicitement repentis alors que, d'un autre côté, le péché commis lors de l'épisode biblique des explorateurs n'a pas été pardonné ?

C'est que dans la tentative du Veau d'or, il y avait malgré tout une recherche spirituelle, l'aspiration à une force supérieure, tandis que les explorateurs, eux, ne pensaient qu'à des choses bassement matérielles. »

Nahman de Braslav est un jour à sa fenêtre. Il aperçoit Heykel en train de courir et de vaquer à ses affaires. Il l'appelle et lui dit :

« As-tu regardé aujourd'hui un tant soit peu le ciel ?

– Non !

– Regarde donc à travers la fenêtre et dis-moi ce que tu vois !

– Je vois des charrettes, des chevaux et beaucoup de passants.

– Eh bien, sache que dans cinquante ans également, il y a aura ici un marché, mais il s'agira d'un marché différent de celui que tu as sous les yeux, avec d'autres charrettes, d'autres chevaux et d'autres passants. Ni toi ni moi ne serons là. Alors je te le demande : qu'est-ce qui te préoccupe ainsi pour que tu ne penses qu'à courir et que tu ne prennes pas le temps de regarder le ciel ? »

Baroukh de Medzibozh est dans son bureau quand son petit-fils y entre en pleurs :

« Que se passe-t-il ?

– Je jouais à cache-cache avec mes amis. Je me suis caché, cela fait des heures maintenant, mais personne ne me cherche ! »

Le grand-père éclate en sanglots à son tour : « Dieu, se dit-il, doit lui aussi pleurer en cachette. Car nous ne le cherchons pas puisqu'il est écrit : "Et moi je persisterai à dérober ma face" (Dt. 31, 18). »

Parole de Nahman de Braslav : « Parfois la chute et la descente sont nécessaires pour mieux réussir la montée. »

Repentir

Le patriarche Jacob est présenté tout au long du récit biblique comme un homme ayant un grand courage physique. Et le voilà soudain prenant peur, à la veille de sa rencontre avec son frère Ésaü : « Jacob fut fort effrayé et plein d'anxiété » (Gn. 32,7).

« En vérité, explique Yeshayahou Leibowitz, ce qui rendait Jacob fragile, ce n'était pas la perspective de mesurer ses forces à celles de son frère Ésaü, mais ses problèmes de conscience. Il n'est pas sûr d'avoir bien agi naguère – dans la maison familiale – à l'égard de son frère. Éprouverait-il des remords ? Il a d'abord et avant tout besoin du pardon d'Ésaü ! »

Parole du rabbi de Psiskhé : « La repentance n'est pas du rafistolage de vêtements. Il s'agit de reprendre tout à zéro, comme un enfant qui vient de naître. C'est l'homme tombé du toit qui s'est brisé les membres et les os et qui en obtient de nouveaux. »

Un homme s'adresse à Israël de Rizhin :

« Rabbi, j'ai péché et je veux me repentir mais je ne sais pas comment on fait.

– Comment as-tu su pécher ?

– J'ai d'abord fauté et c'est ensuite seulement que j'en ai pris conscience.

– Eh bien, c'est cela que tu dois faire : d'abord regrette ce que tu as fait et le repentir viendra ensuite tout seul. »

Rabbi Zoussya était connu pour être un homme juste qui manifestait un très grand respect pour tous les hommes. Quand, malgré tout, il avait à faire telle ou telle remontrance à un fidèle peu respectueux de la tradition juive, il s'approchait de lui et s'adressait à haute voix la parole à lui-même : « Ah ! Zoussya, comment as-tu pu céder ainsi à ton mauvais penchant au point d'agir comme tu l'as fait et de violer les commandements de la Torah ? Que pourras-tu dire pour ta défense devant le tribunal céleste au Jour du jugement ? À quels arguments peux-tu avoir recours ? Tu n'as donc pas d'autre choix que de faire repentance ! Car aussi longtemps que ton âme est en vie, les portes de la repentance ne sont pas fermées ! »

Zoussya se mettait ensuite à pleurer et ne s'arrêtait que quand il lui semblait que le « message » était compris.

Parole de Naftali de Ropshitz : « Le prophète Isaïe nous l'a dit : "Ne te dérobe pas à ta propre chair" (58, 2). Cela veut dire : n'ignore pas ton corps, ne le fais pas souffrir. »

Parole d'Abraham de Sadigora : « De même que l'homme rendra des comptes dans le monde futur pour ne pas avoir veillé à l'intégrité de son âme, de même exigera-t-on de lui qu'il s'explique sur les souffrances qu'il a pu infliger à son corps. »

Voici ce que disait le Baal Chem Tov : « Quand le mauvais penchant échoue à pousser un homme au péché, il le convainc de se livrer à des jeûnes et à des mortifications. Il veut ainsi l'affaiblir et réduire ses forces au point de l'empêcher de servir Dieu comme il convient. »

Parole d'Abraham Yehochoua d'Apt : « Si j'en avais le pouvoir, j'annulerais tous les jeûnes publics prévus dans notre calendrier, à l'exception de deux d'entre eux : celui de Ticha Béav et celui de Kippour. Le premier parce que nul n'aurait le cœur à manger le jour anniversaire de la destruction du Temple de Jérusalem et le second parce que personne n'a besoin de manger le jour où nous purifions nos cœurs devant le Maître du monde. »

Parole du Rav Kook : « Durant les dix jours de pénitence – entre Roch Hachana et Kippour – nous disons à Dieu dans nos prières, à quarante-quatre reprises : "Notre Père, notre Roi". D'abord notre Père et ensuite seulement notre Roi. Afin qu'au Jour du jugement, il nous juge en véritable Père, avec compassion et en fermant les yeux sur notre conduite. »

Lévi Yitzhak de Berditchev était connu pour être le plaideur d'Israël auprès du ciel. Un jour de Kippour, il reste mélancolique et nerveux, depuis le début de l'office, le *Kol Nidré*, jusqu'au lendemain. Quand la journée sacrée touche à sa fin, il retrouve peu à peu le sourire.

L'office achevé, il explique à ses disciples : « Au cours de cette journée, notre cause, au ciel, était bien mal en point. L'acte d'accusation contre nous était lourd et grave. C'est comme si on avait dressé un mur nous séparant totalement de Dieu. Mais le soir, à l'heure de la *Néila*, la conclusion de l'office, une femme présente à la synagogue dit à sa voisine :

"J'ai la certitude qu'après toutes nos prières, notre Père au ciel va nous accorder une très douce année !

– Et d'où te vient cette certitude ?

– Comment pourrait-il en être autrement ? Même si nous nous étions trouvés devant un véritable brigand, nous aurions fini par l'attendrir par nos supplications et nos larmes !"

Ce sont les mots tout simples de cette femme, conclut Lévi Yitzhak, qui firent une grande impression au ciel et réduisirent à néant l'acte d'accusation dressé contre nous. »

Un homme interroge le rabbi hassidique Bounam de Psiskhé :

« Il est écrit que le prophète Élie rend visite à tout homme qui jeûne durant quarante jours. Eh bien, personnellement, j'ai jeûné bien plus que cela, et jusqu'à présent je n'ai pas eu, je dois le dire, la moindre visite du prophète Élie !

– C'est sans doute parce qu'au moment de jeûner, tu dois te prendre pour un ange. Mais lorsque tu recommences à te nourrir, tu es exactement pareil à ce que tu étais avant de jeûner.

Il est évident que ce genre de jeûne est totalement inopérant. »

Le vieux rabbi Israël de Mordzitz voyageait un jour d'été à travers la forêt quand il entendit un berger jouer de la flûte. Il fit arrêter ses chevaux et écouta la musique longtemps. « Toute mélodie constitue une sorte de confession, dit-il. Et quand un homme se confesse, il faut tout arrêter immédiatement et prêter attentivement l'oreille à ce qu'il dit. »

Parole de rabbi Abahou : « Là où se tiennent les repentants, même de grands justes ne peuvent se tenir. Ainsi qu'il est écrit dans Isaïe : "Paix, paix pour qui s'est éloigné ainsi que pour le plus proche" (57, 19). Le lointain – celui qui s'est éloigné de Dieu et qui est revenu – est cité avant le proche. »

Exil et délivrance

« En ce jour l'Éternel sera Un et unique sera son Nom » (Zac. 14, 9). M. Chouchani, celui qui fut le maître d'Emmanuel Levinas, expliquait ainsi ce verset du prophète : « À la fin des temps, le monde sera converti au monothéisme. Aujourd'hui cependant, les monothéistes eux-mêmes utilisent encore des noms différents pour parler de Dieu. De plus, ils continuent à se faire les uns et les autres des guerres de religion. Mais à la fin des temps, même la langue sera libérée : le Nom de Dieu lui-même sera unifié. »

« Il y a des milliers d'années, dit Tsvi Hirsch de Sliansky, la Bible nous a enseigné qu'il ne faut pas se dérober si on voit le bœuf ou la brebis de son frère égarés. On est tenu de les ramener à son frère (Dt. 22, 1). Maître du monde, voici que le peuple qui a appris à l'humanité la compassion pour les animaux est aujourd'hui égaré dans le monde sans personne pour lui offrir le moindre toit ! »

À chaque fois que Lévi Yitzhak de Berditchev arrivait au verset « Vous n'opprimerez pas la veuve et l'orphelin » (Ex. 22, 22), il s'adressait ainsi à Dieu : « Maître du monde, tu nous ordonnes de ne pas opprimer les orphelins mais tu sais que nous sommes nous-mêmes des orphelins. Et pourquoi n'as-tu pas de compassion pour nous ? Comment acceptes-tu que, partout et depuis des siècles, on nous opprime cruellement ? »

Rabbi Abraham Sabbagh, originaire de Castille, a vécu l'errance. Après l'expulsion des juifs d'Espagne, il trouva refuge au Portugal, à Guimarayes, non loin de Porto. En 1496, ce qui devait être un refuge devint un enfer : il parvint à cacher ses manuscrits sous un arbre qu'il appela le « chêne des pleurs ». Après avoir été emprisonné durant six mois à Lisbonne, il parvint à s'enfuir à Fès au Maroc. « Pourquoi, se demande-t-il, la Bible nous détaille-t-elle longuement et avec précision les quarante-deux étapes du voyage entrepris par les fils d'Israël, lorsqu'ils furent sortis d'Égypte ? Pour rassurer le peuple juif au cours de ses exils à venir et lui insuffler espérance :

quelle que soit la longueur de l'exil, il aura une fin. »

Parole d'Yitzhak de Worke : « L'exil est une donnée humaine que guérit la médecine de l'âme ; la libération est aussi consubstantielle à l'homme, mais pour l'atteindre il y faut de la volonté. »

En Genèse. 4, 12, il est écrit que Dieu a maudit Caïn en le condamnant à être « errant et fugitif dans le monde ». Mais s'agit-il là vraiment d'une malédiction ? Il existe des êtres excellents qui errent dans le monde !

La vérité c'est que Dieu a dit à Caïn que sa pensée serait errante et qu'il ne trouverait jamais le calme de l'esprit.

Rabbi Chalom Rokeah de Belz disait : « Il existe trois sortes d'exil. Celui d'Israël parmi les nations – c'est le moins grave –, celui des juifs face à d'autres juifs, et celui de l'homme en exil de lui-même. »

Mendel de Kotzk disait : « Il vaut mieux que les juifs ne sachent pas quand vient le messie. Souhaitent-ils vraiment son arrivée ? Alors qu'ils le désirent ardemment et qu'ils l'attendent chaque jour ! »

Parole de Mendel de Kotzk : « Le messie ? Il est assis aux portes de Jérusalem et il attend que les gens soient dignes d'être libérés. Il a les mains menottées et il attend que des hommes de vérité les lui délient. »

À la question de savoir pourquoi on dit que le messie viendra à dos d'âne, rabbi Abraham Mordekhay de Guèr répondait : « C'est pour nous préciser que de même que l'âne ne va pas vite, de même la libération d'Israël sera, elle aussi, très lente. Il s'agit, de plus, de donner à tous les pécheurs le temps de faire repentance. »

Il est écrit : « Moïse nous a prescrit la Loi. Elle est un héritage de la communauté de Jacob » (Dt. 33,4). Yeshayahou Leibowitz s'interroge : « Cela voudrait-il dire que le peuple d'Israël aurait une sorte de monopole sur la Torah ? Elle est, au contraire, universelle ! C'est la Loi de l'homme en tant qu'il est membre de la communauté humaine. Il se trouve que seul le peuple d'Israël l'a acceptée. Mais, en vérité, tout homme qui en adopte les principes est inclus dans la bénédiction à laquelle se réfère ce texte biblique. »

Lévi Yitzhak de Berditchev s'adressait souvent à Dieu ainsi : « Maître du monde, la Loi veut que quand un homme en agresse un autre, il doit lui verser des dommages et intérêts. Mais où sont donc ceux que tu nous dois depuis le temps que tu nous fais souffrir ? Peut-être aurais-tu l'intention de te dire innocent dès lors que ce sont tes propres enfants que tu fais souffrir ? Oui, mais la Loi prévoit aussi que le père est responsable des actes qu'il commet contre ses enfants ! Diras-tu que puisque c'est également toi qui envoies la guérison, tu n'as de ce fait aucun autre devoir à notre égard ? Le Talmud prévoit aussi que le médecin lui-même est tenu d'assumer ses responsabilités... Alors quand comptes-tu appliquer ta Loi et nous régler les dommages et intérêts que tu nous dois ? »

Il disait aussi : « La vérité, c'est que Dieu n'est pas en règle avec le peuple d'Israël. »

Mendel de Rymanov procédait à la lecture publique des Rouleaux de la Loi à la synagogue. Parvenu au verset « Vienne alors la multitude de maux et d'angoisses qui doivent l'atteindre » (Dt. 31, 21), il s'interrompit et s'adressa avec émotion au ciel : « Maître du monde, vas-y doucement avec le sel ! Tu sais que trop de sel rend indigeste une viande. De même une multitude de malheurs ne peut nous rendre meilleurs. Sois compatissant enfin avec nous : ne mets pas trop de sel ! »

Parole d'Elimelekh de Lisensk : « Dieu a envoyé les enfants d'Israël dans des pays d'exil pour qu'ils puissent y ramasser les étincelles de sainteté qui y sont tombées. »

Quand Moïse annonça aux Hébreux en Égypte qu'ils allaient être délivrés de la servitude, au lieu de manifester de la joie, ils ne prêtèrent aucune attention à ces promesses en raison, dit le texte « de l'oppression de leur esprit et de la dure servitude » (Ex. 6, 9). Ils avaient tellement assimilé les rites idolâtres des Égyptiens qu'ils envisageaient difficilement de s'en séparer. « Il est faux, écrit Yeshayahou Leibowitz, de croire qu'il y ait eu, au sein des Hébreux, un quelconque réveil religieux et un retour à la foi en Dieu. C'est contre leur gré qu'ils ont quitté l'Égypte ! »

« Pourquoi, au cours de la soirée pascale du Séder, évoquons-nous symboliquement la boue et l'amertume que nous avons connues en Égypte alors que nous ne disons pas un mot des biens que les Hébreux sortirent frauduleusement d'Égypte ?

– Parce que la boue et l'amertume perdurent encore malheureusement, tandis qu'il ne nous reste rien de tous les biens "empruntés" à l'Égypte. »

À Prague, un père de l'Église dit au rabbin Jonathan Eibschitz : « Vous prenez régulièrement la défense des juifs et moi celle des chrétiens. Et si un jour, nous décidions de faire le contraire ? »

Le rabbin donne son accord.

« Je comprends, dit le prêtre catholique, que nous, juifs, parce que nous avons été libérés de l'esclavage de l'Égypte, nous célébrions la fête de Pessah. Mais vous, chrétiens, vous n'étiez pas en Égypte, pourquoi célébrez-vous la Pâque ?

– Pour nous aussi, chrétiens, répond le rabbin, Pâque est importante. Car s'ils n'étaient pas sortis d'Égypte, les juifs auraient définitivement cessé d'exister et nous n'aurions donc pas eu Jésus. »

Mendel de Kotzk dit à l'un de ses disciples : « Tu crois que je t'ai demandé d'ouvrir, en cette soirée de Pessah, la porte de la maison afin que le Messie puisse entrer. Pas du tout ! Sache que ce n'est pas par la porte qu'entre le Messie mais par l'esprit. »

« Le peuple d'Israël a été comparé à l'olivier. Dans le cas d'un incendie, l'olivier est le premier parmi les arbres à prendre feu. Ainsi quand le feu s'attaque au monde, c'est le peuple d'Israël qui est le premier touché. »

Voici la prière que Lévi Yitzhak de Berditchev prononçait : « Maître du monde, je viens te demander ce qu'Israël représente à tes yeux. Il y a longtemps que tu ne t'occupes plus de ton peuple. Tu comptes beaucoup de peuples dans le monde. Et chacun d'entre eux affirme que son Dieu est le vrai Dieu. Les Russes disent : notre Dieu est le roi du monde ! Les Allemands : notre royaume est éternel ! Les Anglais : notre roi est le seigneur de toute la terre ! Et moi, Lévi Yitzhak, fils de Sara, je dis : que ton Nom soit sanctifié ! Et je ne bougerai pas d'ici tant que tu ne nous envoies pas le messie ! »

Parole du Baal Chem Tov : « L'avenir appartient à ceux qui auront la mémoire la plus longue. »

Parole de Nahman de Braslav : « Le mal peut se transformer en bien et des plus grandes erreurs peut surgir la libération. »

Humilité et orgueil

La tradition juive considère le prophète Moïse comme « le plus humble des hommes ». Pour avoir dit, parlant de lui-même et de son frère Aaron : « Et nous qui sommes-nous ? », tandis que le patriarche Abraham a dit, lui : « Je ne suis que cendre et poussière. »

Le maître hassidique Méir Shapira s'interroge : est-ce seulement à cause de cette formule qu'il a prononcée que Moïse est considéré comme plus humble que le patriarche Abraham ? La formule « cendre et poussière » n'exprime-t-elle pas, elle aussi, une très grande humilité ?

« La différence vient, répond-il, de ce que c'est à l'adresse de Dieu qu'Abraham a prononcé sa formule alors que celle de Moïse s'adressait au peuple.

Cela rappelle l'histoire du rabbin Jonathan Eibschitz qui voit à l'office de Kippour un homme prier avec ferveur. Il récite un texte du rituel : "Dans ma vie, je ne suis que poussière, a fortiori après ma mort."

"C'est à côté d'un tel homme que je veux prier !" dit le rabbi.

Un peu plus tard, il voit cependant le même homme se mettre dans une grande colère pour avoir été appelé à la lecture de la Loi en quatrième position seulement : "Et qu'est-ce que le fidèle appelé en troisième position a donc de plus que moi ? dit-il. Je vais lui montrer qui je suis !"

Surpris, le rabbi s'adresse à lui :

"Comment est-ce possible ? Il y a encore quelques instants, tu disais n'être que poussière et cendre et maintenant tu parles de cette façon !

– La vérité, rabbi, c'est que face à Dieu, je ne suis que poussière et cendre, mais face à ce vaurien !" »

Parole de Nahman de Braslav : « Le messie ne viendra que lorsque l'orgueil disparaîtra du monde. »

Aryé Leib voit un jour son grand-père Yitzhak Méir de Guèr en train de vérifier un certain nombre de carnets contenant des commentaires de la Bible et les brûler, l'un après l'autre, dans la cheminée.

« Est-ce parce que ces notes sont obsolètes ou incorrectes que tu les détruis ainsi ? demande le petit-fils à son grand-père.

– Il faut que tu saches que la véritable étude de la Loi doit, selon nos sages, se faire dans le seul intérêt de l'étude elle-même et dans le souci de la gloire de Dieu, plutôt que pour le plaisir de chacun ou par intérêt personnel. Je revois donc les notes que j'ai prises au cours de mes années de jeunesse et je les brûle quand je m'aperçois que je les avais écrites un jour pour la satisfaction de mon propre ego et non pour la gloire du ciel ! »

Le Baal Chem Tov se demandait pourquoi les sages du Talmud ont toujours condamné l'orgueil et exalté l'humilité alors qu'il n'est écrit nulle part dans la Bible qu'il faille être humble. Ce Commandement ne figure d'ailleurs pas parmi les six cent treize Commandements du judaïsme. Nulle part il n'est écrit : « Tu as l'obligation d'être humble. »

« La vérité, répondait-il, c'est que l'humilité ne se commande pas. Cela signifierait en fait qu'un homme se tiendrait ce discours : il est vrai que je suis supérieur à tous égards à mes contemporains, mais puisque la Torah m'interdit d'être orgueilleux et me commande, au contraire, d'être humble, alors... Cette sorte d'humilité qui ne procède pas du plus profond de l'âme est fausse et non avenue. La véritable humilité vient du cœur, pas du cerveau. Elle doit emplir toute notre personnalité de la manière la plus simple. »

Le Lévitique (9, 24) raconte comment sont morts les deux fils du prêtre Aaron, Nadav et Avihou. Les commentateurs s'interrogent sur la faute qu'ils ont commise. Sont-ils vraiment entrés dans le sanctuaire en état d'ivresse ? Sont-ils morts, au contraire, à cause de leur vanité et de la folle ambition qui leur faisait dire, paraît-il : « Les deux vieux, Moïse et Aaron, vont mourir bientôt et nous prendrons leur place » ?

Selon rabbi Lévi, un sage du IIIe siècle, les deux jeunes gens sont morts à cause de la profonde peine qu'ils ont causée aux jeunes filles d'Israël qui auraient voulu se marier avec eux. Ils étaient tellement arrogants et imbus de leur importance qu'ils ont préféré rester célibataires, jugeant toutes les jeunes filles qu'ils rencontraient comme indignes d'eux !

Le fils du Hafetz Haïm est en train de lire à son père des lettres qui lui ont été adressées des quatre coins du monde et dans lesquelles on parle de lui comme d'un « génie », de la « lumière de sa génération », du « maître de la diaspora », etc. Devant tant d'éloges, le rabbi pousse un long soupir.

« Pourquoi soupires-tu, père ? Après tout, ces correspondants ne disent de toi, me semble-t-il, que la stricte vérité !

– C'est justement à cause de cela que je soupire. Notre génération serait-elle donc si pauvre et si dénuée de grands hommes qu'un être comme moi puisse être considéré comme un de ses maîtres ! »

Parole de Jonathan Eibschitz : « À l'heure de la querelle et de la discorde, le moindre imbécile prend la parole pour donner son avis. Et c'est au moment où la paix s'instaure que chacun retrouve la place qu'il mérite ! »

Dans la bénédiction qui est prononcée jusqu'à nos jours par les prêtres (les *cohanim*) à l'adresse des fidèles, il est dit entre autres : « Que l'Éternel te bénisse et te protège » (Nb. 6, 24). Les commentateurs se posent la question : peut-on donc être béni sans être protégé et vice-versa ? Ne s'agit-il pas d'une seule et même chose ?

En vérité, quand un homme voit ses affaires prospérer, il est amené à ressentir de la fierté et de l'orgueil. C'est contre ce sentiment-là qu'on sollicite une protection.

Haïm ben Attar, la grande autorité du judaïsme marocain (XVIIIe siècle), propose une autre interprétation : la bénédiction elle-même peut se transformer en malédiction si on ne sait pas la gérer. Et c'est contre ce risque que l'on invoque protection...

Pourquoi nous dit-on dans le récit biblique que « l'homme Moïse était très humble » (Nb. 12, 3) ? Le premier mot de ce verset n'est-il pas inutile ? – C'est pour nous dire que son humilité est à la portée de n'importe quel homme !

Parole de Mendel de Kotzk : « L'orgueil augmente chez l'homme au fur et à mesure que diminuent ses autres envies. »

Parole de Mendel de Kotzk : « Il est des hommes qui s'isolent de la société uniquement pour voir si les autres ont remarqué leur isolement. »

Parole du Baal Chem Tov : « La source de la tristesse, c'est l'orgueil, quand un homme pense que tout lui est dû. »

Parole de Mendel de Kotzk : « Il y a dans une certaine adoration de Dieu un aspect personnel qui la fait ressembler à de l'idolâtrie. Quelle différence y a-t-il, en effet, pour un homme entre se prosterner devant une statue ou être l'idole de lui-même ? »

Le Baal Chem Tov doit marier sa fille. Il envoie un de ses disciples, Baroukh de Medzibozh, faire connaissance avec l'homme qui doit devenir son gendre :

« Alors, comment est-il ? interroge le Baal Chem Tov.

– À toutes les questions que je lui ai posées, il s'est contenté de dire : "Je ne sais pas", "Je l'ignore", "Je ne saurais vous dire". »

Le Baal Chem Tov s'adresse alors à sa fille et lui dit : « Dans ce cas, je donne mon accord à ce mariage. *Mazel tov* ! »

Rabbi Nahoum de Byala rencontre pour la première fois la femme qu'on lui propose d'épouser en secondes noces. Il lui dit :

« Si l'on vous affirme que je suis érudit, n'en croyez rien ! Si l'on vous dit que je suis juste, c'est faux ! Que je gagne bien ma vie, c'est inexact !

– Bien, ce sont là vos défauts ! Et quelles sont vos qualités ?

– Je n'en ai qu'une : je dis toujours la vérité ! »

« L'orgueil, disait Tzadok Hacohen de Lublin, ne s'exprime pas uniquement à l'égard d'autrui : un homme peut être également orgueilleux face à lui-même. »

Voici la différence qui existe entre l'homme bon et le pervers. Le patriarche Abraham demanda à Dieu l'indulgence pour tous les hommes de Sodome et Gomorrhe, sans exception. Mais le Pharaon égyptien, lui, n'a cherché à sauver que sa propre peau : « Intercédez pour moi », a-t-il dit (Ex. 8, 24). Et rien de ce qui, par ailleurs, faisait souffrir son peuple ne l'intéressait.

Parole de Lévi Yitzhak de Berditchev : « Si grande était la sagesse du roi Salomon qu'elle pouvait revêtir toutes sortes d'aspects, y compris celui de la pure folie. »

Rabbi Haïm Ben Attar explique ainsi le troisième des Dix Commandements, « Tu n'invoqueras pas le nom de l'Éternel ton Dieu à l'appui du mensonge » : « Cela signifie qu'il ne faut pas chercher à se montrer aux autres plus pieux qu'on l'est en vérité. »

Parole du rabbi de Lublin : « J'aime le méchant qui sait qu'il est méchant bien plus que le juste qui sait qu'il est juste. »

Abraham Yehochoua Heschel d'Apt était connu pour aimer les gens simples. Un jour, une femme vient le voir et veut déposer sur son bureau un petit papier sur lequel elle a griffonné quelques mots. Mais le rabbin fait signe à son assistant de lui interdire purement et simplement de déposer le moindre papier : « Tu viens me voir alors que tu n'as pas eu honte de commettre hier publiquement tel péché ! Comment oses-tu désormais franchir le seuil de mon bureau ? » lui dit le rabbin.

La femme blêmit. Elle est sur le point de s'évanouir. Les larmes aux yeux, elle a cependant le courage de répondre au rabbin : « Vous savez que Dieu sonde les cœurs, rabbi ! Il connaît les péchés de chacun d'entre nous mais il n'humilie personne. Bien plus, il promet le pardon à ceux qui sont décidés à se repentir. Et le rabbi d'Apt, lui, ne peut s'empêcher de révéler publiquement les manquements d'une pauvre femme, venue ici justement pour exprimer sa tristesse et son désarroi ! »

C'est alors le tour du rabbi de pleurer en découvrant ce que la femme a noté sur son bout de papier.

Plus tard, le rabbi raconte l'épisode à

ses disciples en ajoutant : « J'ai été vaincu par une femme toute simple : elle a naturellement eu totalement raison contre moi dans chacun des mots qu'elle a prononcés ! »

À propos du désert du Sinaï, les docteurs de la Loi ont dit que Dieu n'a pas souhaité affirmer sa Présence sur les mers ou sur les montagnes mais uniquement dans le désert, ainsi qu'il est écrit : « Que le désert et le sol brûlé se réjouissent » (Is. 35, 1). Cela signifie en vérité que Dieu ne révèle sa Présence qu'à celui qui se considère à ses propres yeux comme un désert, qui est conscient que, quoi qu'il ait pu apprendre, il ne sait encore rien et qu'il est semblable à un désert qu'aucun homme n'a visité.

Seul l'homme qui a pris conscience de cela mérite que la Présence de Dieu se manifeste à lui.

Parole de Raphaël de Brachd, disciple de Pinhas de Koritz : « Dieu nous a fait la grâce de nous interdire toute forme d'orgueil et de nous demander d'être toujours humble. Imaginez un instant cependant qu'il nous ait demandé le contraire : de quoi aurais-je pu personnellement m'enorgueillir ? »

Parole de Hanokh Alexander : « Je n'ai jamais connu la jalousie. Me comparer à mes amis, où aurais-je trouvé le temps pour cela ? Je n'étais occupé que de moi-même ! »

Le rabbin Abraham Yehochoua Heschel d'Apt arriva un jour en visite dans une communauté juive de diaspora. Il avait la possibilité de se loger soit chez un de ses proches qui était tout à la fois exigeant dans l'accomplissement des Commandements mais aussi très orgueilleux, soit encore chez un fidèle qui était d'une très grande simplicité mais qui ne prêtait à l'accomplissement des différents Commandements qu'une attention des plus modérées.

Il choisit de se loger chez ce dernier. Face à ce choix, on manifesta, ici et là, quelque étonnement. Le rabbin s'en expliqua ainsi : « Dieu a dit qu'il ne peut guère s'entendre avec un homme orgueilleux (Talmud, traité *Sota* 5b). En revanche, il est écrit que Dieu se trouve avec le peuple d'Israël "dans son impureté". Et si Dieu agit ainsi, pourquoi, je vous le demande, est-ce que je me gênerais, moi ? »

Parole de Noah de Leibowitz : « Quand un homme est petit à ses yeux, il est vraiment un monde ; quand il se prend pour le monde, il est vraiment petit. »

Parole de Chnéour Zalman de Liady : « Contente-toi de peu : c'est le meilleur moyen d'éviter la mélancolie. »

Le mont Sinaï était la plus petite des montagnes. Israël était le plus petit des peuples. Moïse était le plus humble des hommes.

Et c'est la grandeur de la Torah qui apprend à l'homme à être humble !

Avant de mourir, le Baal Chem Tov recommanda aux membres de sa communauté de ne nommer à leur tête qu'un homme qui sache comment on vient à bout de l'orgueil.

À sa mort, tous les candidats interrogés expliquaient avec une grande assurance de quelle façon on parvient à vaincre l'orgueil.

Quand vint le tour de Pinhas de Koritz, il déclara : « C'est la seule crainte que j'ai : celle de céder parfois au sentiment d'orgueil. Et je ne sais absolument pas comment on le combat. »

C'est lui qui fut choisi.

Parole de Pinhas de Koritz : « Dans tout péché, il y a une certaine dose d'effort personnel. L'orgueil seul n'exige rien de l'homme : il se tient affalé dans son fauteuil et il n'a aucun mal à se convaincre qu'il est important. »

Un homme fait preuve, en s'adressant au Hafetz Haïm, d'une humilité si exagérée qu'il finit par lui dire : « Pourquoi te fais-tu si petit alors que tu n'es pas si grand ? »

Quand il était enfant, le rabbin Pinhas Alter interrogea son père :

« Pourquoi est-ce seulement dans les derniers versets du Deutéronome que la Bible se décide à parler de Moïse comme d'un "homme de Dieu" ?

– Moïse était d'une très grande humilité. Il pensait rarement à lui-même. Mais au moment de quitter la scène, il a bien fallu que la Bible nous dise tout de même qui était Moïse. »

Parole de rabbi Israël de Salant : « L'homme a deux yeux : de l'un il doit regarder les qualités de ses contemporains et de l'autre il doit observer ses propres défauts. »

Parole du poète Moché Ibn Ezra : « Dieu a créé le jardin d'Éden et il en a interdit l'entrée aux hommes orgueilleux. »

« C'est là que mourut Moïse, serviteur de l'Éternel » (Dt. 34, 5). Ce verset de la Bible suscite chez tous les commentateurs étonnement et interrogations : comment Moïse a-t-il pu relater sa propre mort et évoquer les douleurs qu'elle a provoquées au sein du peuple d'Israël ? Les docteurs de la Loi répondent, selon les uns, que ces derniers versets de la Bible ont été écrits en réalité par Josué, le successeur de Moïse, et, selon les autres, que Moïse lui-même les a écrits sous la dictée de Dieu et tout en pleurant.

Le rabbin Chlomo de Radomsk considère que Moïse a versé des larmes en écrivant les derniers versets de la Bible, non pas parce que sa mort y était annoncée, mais parce qu'il était obligé, sur ordre de Dieu, de se décerner à lui-même une série de compliments : « Moïse était le plus humble des hommes » et « Il n'a plus paru, en Israël, un prophète tel que lui ».

Chnéour Zalman de Liady, un des fondateurs du mouvement hassidique, se trouve un jour dans la bibliothèque d'un rabbin de Russie qui appartient au cercle des opposants du hassidisme (les *mitnagdim*). Zalman observe tout d'un coup qu'un livre traîne par terre, dans la bibliothèque. Quand il s'aperçoit qu'il s'agit de l'œuvre du grand maître Elimelekh de Lisensk, il prend le livre, se met à l'embrasser, à le caresser et à le serrer contre son cœur.

« Qui est donc l'auteur de cet ouvrage qui a l'air d'être tellement précieux pour vous ?

– C'était un juif dont l'humilité était telle qu'il n'aurait pas le moins du monde protesté si vous l'aviez placé lui-même sous le meuble de la bibliothèque. »

Parole d'Abraham de Salonim : « Il est facile à un homme de céder devant plus important que soi ; on peut aussi céder devant plus petit que soi, mais il est difficile de céder devant quelqu'un qui est votre égal. »

Le traité des Pères dit : « Que l'honneur de ton prochain te soit aussi cher que le tien propre » (2, 15). Chmelke de Nikolsbourg expliquait ainsi ce verset : « De même que l'honneur que tu te fais à toi-même n'a aucune espèce de signification, de même l'honneur que te fait ton prochain ne doit avoir pour toi aucune importance. »

Parole de rabbi Baroukh, petit-fils du Baal Chem Tov : « Le mot Adam est constitué des premières lettres formant les noms d'Abraham, David et Moïse. Tous les trois furent humbles. Abraham dit : "Moi, poussière et cendre" (Gn. 18, 27) ; David dit : "Je suis un vermisseau et non un homme" (Ps. 22, 7). Quant à Moïse, il dit : "Et nous, que sommes-nous ?" (Ex. 16, 7).

Mais, en vérité, il existe un degré supérieur dans l'acte d'humilité : c'est de ne rien dire du tout. »

Charité et compassion

« Pourquoi, se demande Mendel de Rymanov, ne prononce-t-on pas une bénédiction avant de faire la charité ?

Parce que la bénédiction doit en principe être dite dans la joie et que l'on ne pratique jamais la charité d'un cœur joyeux ! »

Le rabbin Chimchon Vertheimer de Vienne demande un jour à son comptable de lui montrer l'état de ses comptes. Le comptable s'exécute.

« Ce n'est pas à ces comptes-là que je songeais, dit le rabbin. Parce que ces biens m'ont été confiés par Dieu provisoirement et il est clair que, demain, ils appartiendront à un autre. Je te demande de me montrer le livre dans lequel j'ai noté les différents dons que j'ai pu faire aux pauvres. Ce sont les seuls qui m'appartiennent véritablement. »

On demande à rabbi Acher de Rothschild de Francfort à combien il évalue sa fortune : « Il n'y a, dit-il, que l'argent que j'ai donné aux pauvres qui m'appartienne vraiment. Tout le reste est, en vérité, la propriété de Dieu comme le dit le prophète : "À moi appartient l'argent, à moi l'or, dit l'Éternel" (Aggée 2, 8). »

Rabbi Aryé Leib Alter de Guèr (1847-1905), l'auteur de *La Langue de la vérité*, écrit : « Il est curieux que Dieu dise : "À moi appartient l'argent, à moi l'or !" (Aggée 2, 8). Comme si tout le reste ne lui appartenait pas ! En vérité, ce que Dieu veut dire au peuple d'Israël, c'est ceci : vous devez faire de sorte que l'argent et l'or me soient consacrés, qu'ils soient dépensés au nom de Dieu dans l'aide aux pauvres et aux nécessiteux. »

Au moment de la traversée de la mer Rouge, tandis que les Égyptiens se trouvaient dans l'eau, les anges ont voulu, paraît-il, chanter. Dieu leur dit : « Quoi ? Mes créatures sont en train de se noyer et vous vous voudriez entonner un chant ? On ne chante pas quand des êtres humains sont dans la détresse ! »

On demande au rabbin de Sapoli :

« Comment est-il possible que vous veniez en aide aux voleurs comme vous le faites ?

– Je le fais parce que les portes de la compassion dans le ciel sont closes. J'envoie alors mes voleurs et ils en font sauter les serrures ! »

Il est écrit : « N'humiliez jamais la veuve et l'orphelin » (Ex. 22, 21). Or, la question se pose : pourquoi le texte qui parlait jusque-là à la deuxième personne du singulier (« Tu ne contristeras pas l'étranger ») passe-t-il tout d'un coup au pluriel ?

Le texte veut nous dire, selon le commentateur Abraham Ibn Ezra, que les témoins de l'humiliation de la veuve et de l'orphelin ont eux aussi une part de responsabilité dans cette humiliation.

Parole de Moché Leib de Sassov : « Aimer son compagnon, l'aimer véritablement, c'est ressentir ses besoins et porter en soi sa souffrance. »

« La véritable réparation du monde, dit Mendel de Kotzk, s'obtient par l'amour de l'autre et la miséricorde que l'on a pour lui. »

On demande au maître Yaakov Yitzhak de Psiskhé pourquoi la cigogne (appelée en hébreu *hassida* – « la pieuse » – parce qu'elle aime les siens) est classée dans la catégorie des oiseaux impurs à la consommation : « C'est parce que justement, son amour, elle choisit toujours de ne le dispenser qu'aux siens. »

Le rabbin d'un village avait décrété un jeûne public en raison de l'intensité de la sécheresse qui régnait dans le village. Mais malgré le jeûne et les prières, la pluie ne tombait toujours pas. Un jour, un ministre-officiant prononce, à la synagogue, la traditionnelle prière de la pluie et aussitôt c'est un véritable déluge qui tombe sans discontinuer.

« Quel est donc ton secret ? lui demande le rabbin. Qu'est-ce qui fait que ta prière à toi a été rapidement entendue ?

– J'apprends à lire aux enfants, à ceux des riches comme à ceux des pauvres. Et je n'arrête jamais mon enseignement même quand des parents pauvres sont dans l'incapacité de me verser le moindre sou. »

Dans le Talmud, rabbi Yehouda a enseigné qu'il est interdit de manger avant d'avoir nourri son animal domestique. « Il est en effet écrit : "Je ferai croître l'herbe dans ton champ pour ton bétail et tu mangeras jusqu'à plus faim" (Dt. 11, 15). C'est le bétail qui est cité en premier ! »

« Tu ne fermeras pas ta main à ton frère nécessiteux » (Dt. 11, 7). À propos de ce Commandement selon lequel il faut venir en aide aux pauvres, le rabbin Aaron Halévy enseigne que le mieux est de remettre son don de façon anonyme à un tiers qui le transmettra lui-même au nécessiteux. De la sorte, le pauvre n'est pas humilié.

De plus, le nécessiteux qui reçoit des dons est lui-même tenu, à son tour, à venir en aide à de plus pauvres que lui. Enfin, le Commandement de la charité s'applique également à l'égard des riches qui peuvent avoir des difficultés momentanées.

Le rabbin ajoutait que la *tsédaka* peut également être exercée sous la forme de simples paroles de consolation à l'égard de personnes qui se trouvent dans la peine.

Des disciples demandent un jour à rabbi Chmelke de Nikolsbourg :

« Nous sommes certes tenus d'aimer notre prochain comme nous-mêmes, mais comment est-il possible d'aimer des pécheurs et des pervers qui ne respectent rien des Commandements de la Torah ?

– Vous n'ignorez sans doute pas que l'âme de tout homme est d'essence divine. Alors je vous le demande : comment est-il possible de ne pas aimer cette part divine de l'homme ? »

Yitzhak Eisik de Zidatchov disait : « Ainsi a été créé le monde : tout homme doit savoir donner mais aussi recevoir. Celui qui ne sait pas faire l'un aussi bien que l'autre ressemble à un arbre stérile. »

Parole de Pinhas de Koritz : « Pour aimer un méchant ordinaire, il suffit d'être un juste ordinaire. Mais pour aimer un méchant accompli, il faut être soi-même un juste accompli. »

Le rabbin Haïm de Brisk réunit, pendant la première guerre mondiale, des juifs aisés pour leur demander d'aider à procurer de la nourriture aux nombreux prisonniers juifs qui manquaient de tout.

« Pourquoi vous souciez-vous de leur procurer du pain et pas des livres de prières ? demande un jeune rabbin.

– Parce qu'un livre peut suffire pour

tous, alors qu'un seul pain ne peut évidemment pas les sauver tous de la mort ! »

Rabbi Yitzhak de Worke disait : « Tous les défauts, les pires compris, ont leur utilité. L'entêtement, l'orgueil ou la colère peuvent, dans certains cas, être mis au service de bonnes causes. C'est la raison pour laquelle Dieu les a créés. Mais la question se pose à propos de la mécréance : à quoi peut-elle bien servir ? Quelle est vraiment son utilité pour l'homme ?

En vérité, ajoutait-il, elle aussi peut servir quand il s'agit de charité. Un homme pauvre se présente devant le riche et lui raconte ses malheurs. Et le riche, au lieu de réagir en mettant la main à la poche, se met à le consoler avec des paroles douces et à lui dire, par exemple, qu'il ne faut pas perdre espoir en Dieu et qu'il faut prier pour qu'il lui vienne en aide.

Eh bien, c'est à l'intention de ces hommes que Dieu a créé la mécréance : que ce riche, donneur de conseils, n'ait pas une telle confiance en Dieu ! Qu'il soit donc, l'espace d'un instant, non croyant ! »

Quand rabbi Yom Tov fut nommé dans la ville de Crouca, il y avait dans la cité un homme riche comme Crésus qui s'appelait Chimon et qui était avare comme personne. Au point que son nom devint dans toute la ville synonyme de ladre. Il tournait, comme dit Henri Heine, dix fois chaque ducat dans sa poche avant de s'en défaire. De mémoire d'homme, il n'avait jamais fait don d'un sou à quelqu'un ou à une quelconque société de bienfaisance.

À la même époque, deux ouvriers, pauvres comme Job, étaient pourtant réputés dans la ville pour être d'exceptionnels donateurs. C'est simple : chaque fois que l'on faisait appel à eux, ils répondaient généreusement.

Quand le richard Chimon mourut, très peu de gens l'accompagnèrent à sa dernière demeure. Au cimetière, il fut discrètement enterré dans le carré réservé aux gens sans importance et aux sans-abri de l'époque. Il ne se passa pas longtemps avant que les deux ouvriers cessent de donner le moindre sou à qui que ce soit. L'émotion fut grande dans la ville. Le rabbin fit son enquête : les deux hommes furent obligés de révéler enfin que les dons qu'ils avaient faits jusque-là venaient tous de Chimon qui avait été, tout au long de sa vie, résolu à fuir les honneurs. Il tenait par-dessus tout à la discrétion et ils lui avaient l'un et l'autre juré de garder le secret.

À sa mort, rabbi Yom Tov demanda dans son testament qu'on lui accordât l'honneur d'être enterré aux côtés de Chimon.

Parole d'Acher de Salouline : « Il est dans la nature des choses que tout homme ait pitié de lui-même. Mais aujourd'hui, il est temps d'avoir pitié de Dieu. »

Le jour où l'homme posa le pied sur la Lune, un journaliste vint interroger le rabbin Yossef Cohenman, directeur d'un collège talmudique à Bné Brak, sur les réflexions que lui inspirait un tel événement : « L'homme a donc réussi à se rapprocher de la Lune ; mais quand parviendra-t-il enfin à se rapprocher de l'homme ? »

Parole d'Israël de Salant : « Un homme doit se préoccuper des besoins spirituels avant de s'en faire pour les besoins matériels. C'est en tout cas ce qu'il doit faire quand il s'agit de ses propres besoins. Mais s'il s'agit de ceux d'autrui, les besoins matériels ont priorité. »

Le sage Mendel de Rymanov faisait cuire chez lui des pains qu'il faisait distribuer quotidiennement aux pauvres. Un jour, il s'aperçoit que les pains ont, pour ainsi dire, « rétréci » et qu'ils sont beaucoup plus petits qu'à l'ordinaire. Il interroge les domestiques :

« C'est que la farine a pratiquement doublé de prix, rabbi !

– Vous savez bien qu'il faut fabriquer ces pains en fonction de la faim que ressentent les pauvres et non pas en fonction du prix que coûte la farine ! »

Mendel de Kotzk avait l'habitude de s'interroger à propos du verset « Tu aimeras ton prochain comme toi-même » (Lv. 19, 18).

« Comme toi-même ? Étonnant ! Un homme peut-il, doit-il donc s'aimer lui-même ? Cela n'est-il pas en contradiction absolue avec ce que l'on a appris et ce que l'on enseigne à Kotzk, à savoir que la racine du mal vient de l'égoïsme ? N'avons-nous pas appris que c'est d'abord l'amour de soi qui conduit à l'escroquerie, à la tromperie et à la falsification ?

En vérité, ce que l'on veut nous enseigner, c'est que, de même qu'un homme doit avoir pour souci quotidien de se parfaire et de se construire, de même doit-on tenter d'améliorer son prochain. Nous devons agir avec lui comme nous agissons avec nous-mêmes ! »

Parole d'Yitzhak de Worke : « Un homme peut pratiquer tous les Commandements de la Torah qui concernent les relations de l'homme avec Dieu, il peut même parvenir jusqu'aux plus hauts sommets de l'adhésion à la divinité ; tout cela ne représente rien s'il n'est pas réellement attentif aux douleurs des hommes. »

Une femme vient voir le maître hassidique Moché Leib de Sassov :

« Je veux vous entendre prier pour ma fille : elle est malade et en grand danger de mort !

– Je souhaite que Dieu lui envoie une prompte guérison !

– Ah, non, rabbi ! Cela ne suffit pas. Et sachez que je ne bougerai pas d'ici tant que vous ne jurerez pas solennellement, sur la part personnelle qui vous revient dans le monde futur, que ma fille guérira !

– Eh bien, soit : je jure, sur cette part personnelle qui me revient dans le monde à venir, que ta fille va guérir. »

Quelques jours après, la jeune femme mourut. Alors l'un des disciples du maître lui demanda :

« Quelle idée tout de même de proférer un tel serment alors que vous saviez la jeune femme atteinte d'une maladie incurable !

– Et moi je vous dis que le monde futur en entier ne vaut pas une heure de consolation que j'ai pu, en cet instant, procurer à cette mère ! »

Parole de Chlomo de Karlin : « Si tu veux sortir un homme plongé dans la boue, n'imagine pas qu'il te suffit de rester à l'écart et de lui tendre la main. Il te faut descendre toi-même totalement dans cette boue, le saisir et monter avec lui. »

« La Torah, disait Bounam de Psiskhé, demande au grand prêtre de changer de vêtement lorsqu'il arrive, le jour de Kippour, au Saint des saints, dans le Temple de Jérusalem. On lui demande en outre de s'occuper d'évacuer les cendres. Pourquoi ? La raison en est simple : du fait qu'en ce jour et en ce lieu il est plongé totalement dans une ambiance de sainteté et d'intense spiritualité, il court le risque d'oublier de prendre soin de ce qui est aussi essentiel : les problèmes matériels du peuple. C'est pourquoi on lui demande de porter ses habits de tous les jours afin de se rappeler qu'il doit d'abord prier pour que les fidèles aient toute l'année leur subsistance.

Il ne doit pas oublier les soucis et les préoccupations quotidiennes des gens. »

Lévi Yitzhak de Berditchev interprétait ainsi le verset « Aime ton prochain comme toi-même » (Lv. 19, 18) : « Si tu analyses ta propre personne, tu y trouveras sans doute bien des défauts et des manquements. Mais malgré cela, tu t'aimes sans limites. Eh bien, c'est de la même façon – d'un amour illimité – que tu dois aimer ton prochain, malgré tous les défauts qu'il peut avoir. »

Le rabbin Isser Meltzer de Jérusalem avait pris l'habitude d'ouvrir lui-même la porte de la maison quand un visiteur y frappait. Un jour qu'il était malade et qu'il faisait à l'extérieur un temps d'orage, quelqu'un frappa. Il était minuit et un des disciples du rabbi dit :

« Qui est-ce ?

– Demande-t-on : "Qui est-ce ?" un jour de tempête et à une heure si tardive ? Ouvre tout de suite ! »

Un pauvre vient voir le rabbi Mendel de Rymanov. Il lui raconte ses malheurs et les difficultés de sa vie quotidienne. Rabbi Mendel prend une certaine somme et la tend au pauvre. Celui-ci remercie et commence à se diriger vers la sortie quand il est rappelé par le rabbi qui lui donne à nouveau un billet.

Ses proches lui demandent plus tard d'expliquer son attitude : « C'est simple, dit le rabbi. Je lui ai fait le premier don parce que le récit de ses malheurs m'avait bouleversé. Ce qui signifie que ce premier don, je l'ai fait pour moi, pour apaiser ma propre émotion. Le second don, lui, était fait pour obéir à la *mitzva*, au Commandement qui nous fait obligation de venir en aide aux pauvres et aux nécessiteux. »

« Voici l'offrande que vous recevrez des enfants d'Israël : or, argent et cuivre » (Ex. 25, 3). Baroukh de Medzibozh expliquait ainsi ce verset à ses disciples : « Il existe trois degrés dans l'application de la charité. Il y a ceux qui font des dons même lorsqu'ils sont en parfaite santé : c'est là de la charité d'or. Il existe aussi des hommes qui n'acceptent de faire des dons que lorsqu'ils sont malades ou qu'ils commencent à vieillir et qu'ils sont angoissés par l'approche de la mort : c'est là une charité d'argent. Et il y a enfin ceux qui ont du mal à se séparer de leur argent tant qu'ils sont en vie et qui n'acceptent de le donner qu'après leur disparition : c'est là une charité de cuivre. »

Un riche commerçant vient voir rabbi Pinhas d'Ositla et lui remet une importante somme d'argent à distribuer aux pauvres :

« Mais pourquoi ne le faites-vous pas vous-même ?

– Parce que je ne veux pas avoir à travers la ville la réputation d'être un généreux donateur. Tous les mendiants de la région n'arrêteraient pas alors de me harceler et de m'importuner ! Et je veux surtout éviter cela et préserver ma tranquillité !

– Reprends ton argent ! Nos sages n'ont pas institué la tradition du don secret et anonyme pour tirer d'embarras les riches comme toi, mais uniquement pour ne pas humilier les pauvres. »

À propos de l'ordre donné par Moïse d'« ouvrir la main pour faire la charité » (Dt. 15, 11), Maïmonide (1135-1204), le grand maître de la Loi juive, écrit : « Celui qui détourne les yeux du pauvre est comme l'idolâtre, l'impie... Celui qui donne l'aumône de mauvaise grâce, le visage baissé vers le sol, même s'il fait au pauvre un don de mille pièces d'or, perd tout le mérite de son action. Il doit lui donner avec bonhomie et avec joie et partager sa détresse. »

On demande au rabbi Mordekhay Melakhovitz :

« Pourquoi distribuez-vous aux pauvres tout l'argent que vous gagnez ?

– Parce que quand il m'arrive d'en garder sur moi, il m'empêche de dormir. J'en perds le sommeil ! »

Richesse et pauvreté

Quand le peuple hébreu se révolta contre Moïse et qu'il se prépara à fabriquer le Veau d'or, il demanda à Aaron, le frère de Moïse : « Allons, fais-nous donc un dieu ! » (Ex. 32, 1). Aaron eut alors l'idée de demander aux hommes de « détacher les pendants d'or qui étaient aux oreilles des femmes ». Il espérait que celles-ci, tenant probablement à leurs bijoux, refuseraient de se laisser faire...

Le fait est que le récit biblique signale que « tous se dépouillèrent des pendants d'or qui étaient à leurs oreilles » (Ex. 32, 3) mais n'évoque à aucun instant les bijoux des femmes. Et c'est pourquoi la tradition considère que les femmes ne prirent aucune part à l'épisode du Veau d'or.

Parole d'un maître hassidique : « Beaucoup s'interrogent sur ce qui, dans leurs actions, leur a valu de connaître tel ou tel malheur. Mais je n'ai jamais rencontré quelqu'un qui s'interroge sur ce qui lui a valu d'être heureux et de vivre dans l'opulence. »

Parole de Mendel de Kotzk : « Il est écrit : "Tu ne te fabriqueras point des dieux de métal" (Ex. 34, 17). Cela signifie : ne fais pas du métal un dieu ! »

« Voici le jeûne que j'aime : c'est de rompre les chaînes de l'injustice, de dénouer les liens de tous les jougs, de renvoyer libres ceux qu'on opprime, de briser enfin toute certitude, puis encore de partager ton pain avec l'affamé, de recueillir dans ta maison des malheureux sans asile... »

Pourquoi donne-t-on lecture, au cours de la journée solennelle de Kippour, de cet extrait du chapitre 58 du prophète Isaïe ?

« C'est, écrit Shalom Rosenberg, que l'instauration du Royaume des cieux, cela signifie aussi la prise de conscience de nos responsabilités envers les pauvres et les opprimés. Et il ne s'agit pas là d'une responsabilité individuelle mais d'un devoir collectif qui incombe à l'ensemble de la nation. »

Parole de Nahman de Braslav : « L'argent ressemble au feu : il peut servir à de grandes choses si on sait s'en servir, mais il peut aussi être dangereux s'il tombe entre de mauvaises mains ! »

Yaakov Aaron de Volozhin expliquait ainsi le verset biblique « Ne m'associez aucune divinité, dieux d'argent, dieux d'or... » (Ex. 20, 20) : « Dieu nous dit : ne faites pas avec moi des affaires ; ne gagnez pas votre vie en vous servant de la crainte de Dieu. »

À propos de l'épisode biblique du Veau d'or (Ex. 30, 1), le rabbin Chmouél Mohilever se demande pourquoi, au lieu de fabriquer un Veau d'or, les Hébreux – devant le retard que Moïse a mis à revenir – n'ont pas nommé pour chef Aaron qu'ils connaissaient et qu'ils aimaient bien. Il faut voir dans cette histoire, selon ce commentateur, un trait de la psychologie des masses : les gens préfèrent toujours quelqu'un qui vient du dehors à l'un des leurs, l'autochtone.

Et cependant, ajoute-t-il, il y a un élément positif dans l'attitude des enfants d'Israël dans le désert : ils étaient prêts à donner leur or pour qu'on leur fabrique un dieu, alors que de nos jours il y a tellement de gens qui sont disposés à échanger leur Dieu contre de l'or...

Parole du rabbi de Lublin : « "Ne sois pas partial pour le pauvre, dans son procès" (Ex. 23,3), cela veut dire qu'il ne faut pas prendre le parti de Dieu dans le procès que lui fait un mendiant. »

Méir de Premishlan, le maître hassidique, expliquait ainsi le verset « Tu réuniras l'argent dans ta main » (Dt. 14, 25) : « Il faut que tu restes, en toute circonstance, le maître de ton argent et que lui ne devienne jamais ton maître. »

Rabbi Zoussya d'Anapoli était un « rabbin voyageur » qui proposait ses enseignements au public de ville en ville. Quand il venait à Berditchev, il était logé chez un pauvre de la ville.

Quand il fut un peu connu et qu'il devint populaire, il eut des centaines de disciples parmi les *hassidim*. Il arriva un jour à Berditchev à bord d'un carrosse richement décoré et traîné par trois chevaux. L'un des hommes fortunés de la ville l'invita immédiatement à loger dans sa maison : « Je crois me rappeler, lui répondit-il, que quand j'étais pauvre et sans le sou, vous ne pensiez jamais à m'inviter. Or, la seule différence qu'il y a entre naguère et aujourd'hui, ce sont ces chevaux qui désormais m'accompagnent dans mes déplacements. Avant je venais à pied, pas aujourd'hui. C'est pourquoi je vous propose d'inviter chez vous mes chevaux. Quant à moi, je logerai là où j'ai toujours eu l'habitude de le faire. »

Lévi Yitzhak de Berditchev prend son bâton de pèlerin et s'en va collecter un peu d'argent pour une jeune fille pauvre à la veille de se marier. « Félicitez la mariée de ma part et que Dieu vous aide ! » lui dit un richard.

Le rabbi répondit : « La Bible nous raconte que le roi Melchisédek (Gn. 14, 18) "apporta du pain et du vin et puis bénit...". Vous aussi, il vous faut d'abord donner, ensuite seulement présenter vos félicitations. »

Ouri de Strelisk était appelé « l'Ange » dans le monde hassidique. Lui et ses disciples étaient connus pour leur pauvreté extrême. Ils étaient tellement préoccupés par les « devoirs du cœur » et par leurs prières qu'ils prêtaient fort peu d'attention à leurs besoins matériels.

Un jour, un grand maître leur rend visite dans la maison d'étude et interroge rabbi Ouri :

« Pourquoi vos hommes sont-ils donc si misérables, si démunis ?

– Parce que c'est cela qu'ils veulent fondamentalement. Ils ont choisi de faire fi des richesses du monde. »

Et rabbi Ouri s'adresse à l'un de ses disciples :

« Si quelqu'un pouvait maintenant accomplir tes vœux, qu'est-ce que tu lui demanderais ?

– Je voudrais réussir à dire, avec la même ferveur et le même enthousiasme que mon maître, la prière matinale : "Béni soit Celui qui a créé le monde par la parole !" »

Parole de Moché Leib de Sassov : « Il est très facile au pauvre de s'en remettre à Dieu. À qui d'autre voudriez-vous qu'il se confie ? Mais qu'il est difficile au riche d'avoir confiance en Dieu ! Toute sa fortune est là qui lui crie : "Fie-toi à moi..." »

Le rabbin Jonathan de Prague disait : « Savez-vous pourquoi les usuriers ne connaîtront pas la résurrection des morts ? Parce que le jour où cela arrivera on leur dira : "Pourquoi vous réveiller ? Continuez de dormir, vos intérêts ne cessent d'augmenter." »

Parole de Ber de Radochitz : « Le défaut du pauvre ? Il s'imagine que la richesse va le sortir de sa détresse ! »

La coutume voulait que les habitants du village de Viznitz se retrouvent tous, à la veille de la célébration de Pessah, sur la grand-place pour une fête hassidique.

Le rabbin aperçoit parmi les fêtards le richard du village. Il le convoque immédiatement dans son bureau : « Tu dois savoir que Dieu a dévolu à chacune des créatures ici-bas un rôle. Ainsi, j'ai été chargé pour ma part d'être rabbin, d'étudier et d'enseigner la Torah. Par ailleurs, les gens démunis viennent me voir pour que je leur distribue une part de l'argent que me remettent des donateurs anonymes.

Quant à toi, Dieu t'a confié la responsabilité d'être le seigneur du village. Ton rôle consiste à rester chez toi toutes les veilles de fête pour que les pauvres puissent s'adresser à toi et que tu leur viennes en aide. Or, en étant ici, tu désertes ton poste. Dans un tel cas, Dieu pourrait considérer que tu n'assumes pas convenablement tes responsabilités et il pourrait remettre à quelqu'un d'autre ta richesse.

Va chez toi et prépare-toi à recevoir les demandes des nécessiteux ! »

Parole d'Aaron de Karlin : « Tout peut m'être enlevé, sauf le Dieu qu'il y a à l'intérieur de moi. »

Parole de Yehezkel de Chinove : « Comme il faut avoir pitié de l'homme qui vit dans la pauvreté pour mourir dans la richesse ! »

Parole de Naftali de Ropshitz : « Si les riches n'ont pas honte de leur richesse, pourquoi les pauvres auraient-ils honte de leur pauvreté ? »

Parole de Yossef Izel : « Quiconque observe attentivement le monde de Dieu ne peut décemment pas prononcer la phrase : ceci m'appartient. »

Mensonge et vérité

C'est parce que le patriarche Jacob n'a obtenu la bénédiction de son père Isaac qu'en ayant recours à des subterfuges et à des mesures mensongères et déloyales que le pouvoir romain, considéré comme l'héritier spirituel d'Ésaü, a été autorisé par le ciel à opprimer Israël, à détruire le Temple de Jérusalem et à exiler les Hébreux de la Terre sainte.

Cette interprétation a, selon le philosophe Yeshayahou Leibowitz, une dimension universelle : elle signifie que chaque fois que vous portez atteinte aux droits d'un homme, fût-il un méchant et un pervers, cela se retournera finalement contre vous.

La Bible dit : « Éloigne-toi de la parole mensongère » (Ex. 23, 7). « C'est que dans le monde entier, dit Mendel de Kossov, on ne trouverait pas un seul homme qui soit totalement vérité. Au fond, le monde se partage en deux sortes de personnes : celles qui sont proches du mensonge et celles qui cherchent à s'en éloigner. »

Selon rabbi Chimon bar Yohaï, maître du IIe siècle, on demande un jour au serpent pourquoi, quand il injecte son poison dans une partie du corps, tout le corps est irrémédiablement condamné. Le serpent répond : « Et c'est à moi que vous posez la question ! Que ne la posez-vous au calomniateur qui calomnie à Rome et tue en Syrie, ou l'inverse ! »

Le Hafetz Haïm avait tout au long de sa vie une obsession : éviter que les gens se livrent à la calomnie. Aussi bien eut-il un jour le projet de proclamer dans les synagogues que le péché qui consiste à colporter des rumeurs serait aussi grave que celui de manger du porc. « N'en faites rien, lui dit, avec le sourire, son collègue Haïm Ozer. Sur le plan du principe, vous avez raison de souligner la gravité de la calomnie, mais je crains qu'au lieu de prendre conscience de cette gravité, les gens considéreront le fait de consommer du porc aussi peu répréhensible que le péché qui consiste à répandre la calomnie. »

Parole d'Elkhanan Wasserman : « Le mensonge le plus dur est celui qui procède d'une vérité. »

Lévi Yitzhak de Berditchev rentre chez lui, un jour de jeûne du neuf Av, après avoir lu les élégies de circonstance à la synagogue. Sur le chemin, il rencontre un membre de sa communauté en train de manger :

« Je suppose que tu ne sais pas que c'est Ticha Béav aujourd'hui ?

– Bien sûr que je le sais ! répond l'homme en continuant de manger.

– Tu ignores alors probablement que nos maîtres ont instauré en ce jour un jeûne public ?

– Je sais, depuis que je suis enfant, que ce jeûne a été établi pour commémorer la destruction à deux reprises du Temple de Jérusalem !

– J'en conclus que ta santé est défaillante et qu'en conséquence les médecins t'ont interdit de jeûner !

– Je vous souhaite, rabbi, d'avoir tout au long de l'année la santé que j'ai. En vérité, je me porte on ne peut mieux ! »

Rentré chez lui, le rabbi de Berditchev se met à prier et s'adresse au ciel : « Maître du monde, admire jusqu'où va l'amour de la vérité des gens de ton peuple ! Cet homme préfère reconnaître qu'il commet un grave péché plutôt que d'accepter de proférer le moindre mensonge ! »

Abraham Yehochoua Heschel d'Apt se trouvait à la synagogue quand il vit le bedeau mettre à la porte un enfant assis aux côtés de son père et qui venait d'éclater en sanglots.

« Pourquoi faites-vous cela ? lui demanda-t-il.

– Parce que les cris de cet enfant ne cessent de déranger la bonne marche de l'office.

– Je pense, au contraire, que les cris de cet enfant sont les seules voix authentiques et sincères que l'on entende dans cet office. »

Le Hafetz Haïm dormait aux côtés de son épouse une fin d'après-midi quand tous deux entendirent du bruit : un voleur s'était introduit chez eux. Après maintes recherches, le voleur trouva une bague appartenant à l'épouse du rabbin ; il la passa à son doigt et sortit précipitamment de la maison. Le rabbin le poursuivit et revint quelques instants après :

« As-tu récupéré ma bague ? lui demanda sa femme.

– Ce n'est pas pour cela que j'étais sorti. Je voulais dire au voleur que la bague avait été achetée très cher et qu'il ne se laisse surtout pas abuser au moment de la revendre. »

« Vous ne mentirez pas au préjudice de votre prochain » (Lv. 19, 11). Les sages de Kotzk ajoutaient à ce propos que « non seulement il ne faut pas mentir aux autres, mais il ne faut pas se mentir à soi-même ».

Parole d'Eisik Harif : « La vérité a l'habitude de se présenter nue – sans le moindre vêtement ! Et les hommes sont si timides et si discrets qu'ils hésitent à la rencontrer ! »

Paix et colère

Il est écrit dans Dt. 21, 10 : « Quand tu iras en guerre contre tes ennemis... » Le rabbin Yitzhak Yaakov Vakhtvogel interroge : « La formule "contre tes ennemis" n'est-elle pas de trop ? Part-on en guerre contre ses amis ? Ce dont il est question dans ce verset, dit-il, c'est de vérifier vraiment, avant de partir en guerre contre quelqu'un, s'il est ton ennemi, si tu ne prolonges pas aujourd'hui une guerre qui s'est achevée hier, si la guerre est obligatoire et si elle ne constitue pas, au fond, une simple tentation ! »

Quand Dieu a voulu créer l'homme, la Vérité s'est présentée devant le trône céleste pour manifester son opposition : « Ne le crée pas, il n'est que mensonge ! » De son côté, la Paix s'est présentée, elle aussi, et dit : « À quoi bon créer l'homme, il n'est que querelle ! » Et c'est depuis lors que le mensonge et la querelle se sont unis : si l'un se trouve quelque part, c'est que l'autre n'est pas bien loin.

Dans sa célèbre prophétie sur la fin des temps, Isaïe évoque le jour où « le loup habitera avec la brebis et le tigre reposera avec le chevreau » (11, 6).

« Mais, demande un rabbin, n'ont-ils pas déjà cohabité, les uns et les autres, sous un même toit dans l'Arche de Noé ?

– Ce qu'Isaïe appelle de ses vœux en vérité, c'est le jour où ces animaux vivront ensemble par esprit de paix, d'amitié et d'entraide. Dans l'Arche de Noé, c'est la peur d'être engloutis par le Déluge qui a empêché les uns de dévorer les autres. »

Parole de Mendel de Kotzk : « Quand un homme parvient à faire la paix à l'intérieur de lui-même, il devient capable de l'instaurer chez les autres. »

Parole de Pinhas de Koritz : « Des années durant j'ai combattu la colère. Je l'ai finalement vaincue et je l'ai mise dans ma poche. Au besoin, je l'en sortirai. Mais je suis tellement en colère contre elle que plus jamais je n'y aurai recours. »

« Que mon discours distille comme la rosée », dit la Bible (Dt. 32, 2). C'est que, à la différence de la pluie qui parfois provoque des catastrophes, la rosée est aimée de tous. Elle réjouit tout le monde.

De ce verset, les sages d'Israël apprennent qu'à chaque fois que l'on s'adresse au public, on doit chercher à parler un langage tendre, doux. Car une parole coléreuse, prononcée avec agressivité, rate régulièrement son objectif.

« Il ne faut pas se venger ou garder rancune » (Lv. 19, 18). Quelle différence y a-t-il entre les deux attitudes ?

Rachi l'explique ainsi : « Voici ce qu'est la vengeance : l'un dit à l'autre : "Prête-moi ta faucille !" L'autre lui répond : "Non." Le lendemain, l'autre lui dit : "Prête-moi ta cognée." Il lui répond : "Je ne te la prête pas, tout comme toi tu ne m'as pas prêté ta faucille."

Et qu'est-ce que la rancune ? L'un dit à l'autre : "Prête-moi ta cognée !" Il lui dit : "Non." Le lendemain, celui-là lui dit : "Prête-moi ta faucille !" Le premier lui répond : "La voici. Je ne suis pas comme toi qui n'as pas voulu me prêter ta cognée !" »

On demande au grand maître du mouvement hassidique Moché de Kobryn :

« Pourquoi acceptez-vous qu'on vous

critique violemment comme on le fait ? Pourquoi ne répliquez-vous pas à vos contradicteurs ?

– Quand, dans le monde futur, on me dira : pourquoi ne vous êtes-vous pas conduit en docteur de la Loi, soucieux des intérêts de la Torah ? je répondrai : c'est parce que justement je ne me suis jamais considéré comme un docteur de la Loi.

En revanche, si je mets en cause mes contradicteurs et que, dans le monde futur, on me demande : pourquoi as-tu cherché à te venger et à garder rancune ? Sans doute te prenais-tu pour un docteur de la Loi ? Alors je ne saurai pas quoi répondre.

C'est donc pour m'éviter une humiliation dans le monde futur que je me conduis de cette manière. »

Parole de Nahman de Braslav : « Le feu ? Cela commence par une étincelle et finit par un incendie. Il en va de même de la discorde. Elle commence par la tristesse. Quant à savoir comment elle finit... »

Il est écrit : « Le Seigneur avait donné à Salomon la sagesse, comme il le lui avait promis. Hiram et Salomon vivaient en paix et ils conclurent une alliance entre eux » (I Rois 5, 12). Ce verset signifie que la véritable sagesse pour un chef consiste à maintenir la paix et non pas à entretenir les querelles, les conflits et les guerres.

Parole de Baroukh de Medzibozh : « Les gens sont curieux : ils font attention à ne pas avaler une fourmi mais ils sont toujours prêts à se dévorer entre eux. »

Parole de Mendel de Kotzk : « Pour sauver Sodome, il fallait dix justes au moins. Mais pour détruire le monde, il suffit d'un seul fou. »

Parole de Mendel de Kotzk : « Pourquoi Dieu choisit-il l'arc-en-ciel comme signe de l'Alliance entre lui et Noé et comme la promesse selon laquelle plus jamais "nulle chair ne périrait par les eaux du Déluge" (Gn. 9, 12) ? Parce que l'arc est constitué par le feu et l'eau et qu'ils cohabitent paisiblement. C'est là la preuve que la paix est possible dans le monde. »

Parole de Nahman de Braslav : « La paix consiste à concilier deux choses contradictoires. »

À la mort de Moïse, il est écrit que les Hébreux le pleurèrent, mais à celle d'Aaron, on nous dit qu'il fut pleuré par « toute la maison d'Israël ». C'est que Moïse assumait les fonctions de juge et qu'il était naturellement aimé par les uns mais pas par les autres. Il faisait passer la justice avant toute autre considération. Il estimait que tout coupable devait être sévèrement puni.

Aaron, quant à lui, aimait par-dessus tout la paix. Quand il apprenait que deux hommes s'étaient querellés, il allait voir l'un et lui disait que son adversaire avait, devant lui, exprimé des regrets. Et il agissait ainsi également avec le second homme. Il ne pensait qu'à instaurer la paix entre un homme et son prochain.

Pour maintenir la paix, on peut se permettre de modifier les choses. La preuve, c'est que Dieu lui-même l'a fait en disant à Abraham que Sara s'était exclamée en apprenant qu'elle aurait un fils : « Le bonheur m'est réservé alors que je suis vieille ! » Or, en réalité, elle avait dit : « ...alors que mon époux est un vieillard. »

Parole du rabbi de Lublin : « Une fausse paix est préférable à une vraie querelle ! »

Parole de Menahem Oussichkine : « Le prophète Zacharie dit : "Chérissez la vérité et la paix" (8, 19). La vérité est citée avant la paix. Une vie de vérité sans paix n'est qu'amertume ; une vie de paix sans vérité n'est que mort. »

Pouvoir et justice

« C'est la justice, la justice que tu dois poursuivre » (Dt. 16, 20). Il est question naturellement dans ce verset biblique de l'obligation faite aux hommes de loi de rendre des jugements justes.

Les maîtres de la tradition juive suggèrent cependant que dans la répétition du mot « justice », il y a un enseignement supplémentaire : la justice dont il est traité ici est celle qui juge les juges eux-mêmes. Elle incombe à l'ensemble de la société et d'abord aux commissions qui les nomment. Il faut que les hommes et les femmes chargés de rendre la justice soient eux-mêmes désignés avec justice.

Rabbi Hanokh Alexander disait : « La vie m'a appris que l'on peut passer toutes ses journées devant des tombes et oublier que l'on meurt un jour ; on peut vivre tout le temps dans la maison d'un juge et ne pas avoir la moindre idée de ce qu'est la justice. »

Le premier verset du Rouleau biblique de Ruth est généralement traduit ainsi : « À l'époque du jugement des juges, il y eut une famine dans le pays. »

Le rabbin Samuél de Ozeda considère cependant qu'il y a, entre les deux parties du verset, une relation de cause à effet. Il le traduit donc ainsi : « À l'époque où on jugeait les juges, il y eut une famine dans le pays. »

Tout le monde pense qu'il est dans la nature du pouvoir de corrompre l'homme. La vérité, c'est que c'est l'homme qui corrompt le pouvoir.

Commentant la Révélation de Dieu, Isaac Abravanel dit : « Dieu n'a pas voulu se révéler à Moïse ni dans le palais de Pharaon ni dans celui de Jethro, le grand prêtre de Madian. Car la Présence divine s'éloigne des lieux de pouvoir. »

Parole de Mordekhay Yossef Leiner : « Bien peu de ceux qui gouvernent les autres parviennent à se gouverner eux-mêmes. »

« L'envie, la volupté et les honneurs nous tuent », dit le traité des Pères (4, 28). « Ce sont là, disait le maître hassidique Mendel de Kotzk, les trois étapes qu'un homme traverse ordinairement au cours de sa vie. J'ai pu personnellement maîtriser les deux premières. Quant à la troisième – la fuite des honneurs –, je n'y suis véritablement parvenu qu'après mille efforts. Ainsi, quand j'étais jeune, le rabbi de Lublin me demanda un jour de diriger, dans sa synagogue, un office auquel ne participaient que ses meilleurs disciples. Des années durant, j'ai eu du mal à oublier cet honneur qui m'avait été fait ce jour-là. »

À propos de la mésentente relatée par la Bible, de Caïn et d'Abel, Isaac et Ismaël, Jacob et Ésaü, Joseph et ses frères, Shalom Rosenberg écrit que ces récits cherchent à nous apprendre une chose : le conflit fraternel est au cœur même de notre existence. D'où le fait que la Révolution française ait vu dans les idéaux de liberté, égalité et fraternité les racines de la démocratie moderne.

« Mais deux siècles d'histoire nous ont aussi appris que la liberté est relative et que l'égalité totale n'est jamais qu'une illusion. Quant à la fraternité, le livre de la Genèse y voit un idéal essentiel. C'est que tout conflit est au fond une guerre fraternelle. C'est pourquoi on doit toujours avoir présente à l'esprit la parole universelle du prophète Malachie : "N'avons-nous pas tous un seul Père ? N'est-ce pas un seul Dieu qui nous a créés ?" (2, 10) »

Pourquoi Dieu est-il plus exigeant avec les justes ? Parce que quand un homme ordinaire fait fausse route, il ne porte préjudice qu'à lui-même. Il n'en va pas de même avec le juste : il entraîne après lui d'autres hommes qui l'admirent et lui accordent leur confiance.

C'est pourquoi les sages ont dit : « Qui a entraîné la génération dans la voie du péché ? Le chef qui a péché en premier. »

Au lendemain de l'échec de la révolte polonaise de 1863, le gouverneur russe convoque le rabbin de Varsovie, Dov Maïzeles, et le sermonne d'abondance pour avoir apporté son soutien aux insurgés :

« Ignores-tu que le tsar est le père de cette nation et qu'en agissant comme tu l'as fait tu t'es révolté contre le pouvoir ?

– Je reconnais que le tsar est le père de cette nation, répond le rabbin, mais la terre sur laquelle nous vivons est notre mère et chacun sait que, quand il y a conflit entre le père et la mère, les enfants prennent toujours la défense de leur mère. »

Un homme s'adresse au grand maître du hassidisme Bounam de Psiskhé :

« Contrairement au traité des Pères qui dit que "les honneurs courent après celui qui les fuit", je les ai personnellement fuis toute ma vie mais je dois dire qu'ils n'ont jamais fait le moindre effort pour venir vers moi.

– Sans doute se sont-ils aperçus que tu te retournais de temps en temps pour voir s'ils étaient à ta poursuite ! »

Parole d'Israël Méir : « Détourner à son profit un honneur qui revient à quelqu'un d'autre, cela aussi s'appelle du vol. »

Le chapitre 6 de l'Exode relate que l'Éternel donna à Moïse et à Aaron « des ordres pour les enfants d'Israël », mais à aucun instant il ne nous est précisé de quelle sorte d'ordres il s'agit.

Selon un commentateur, Dieu a mis en garde Moïse et Aaron contre le caractère des Hébreux : « Ils sont réfractaires et incommodes. Vous devez accepter qu'éventuellement ils vous insultent et même qu'ils vous lapident. »

Il s'agirait là d'un avertissement adressé à tous ceux qui voudraient exercer un pouvoir et diriger le peuple d'Israël : il faut qu'ils soient psychologiquement disposés à assumer les souffrances que cela peut entraîner.

Parole de Mendel de Kotzk : « Nul homme n'est aussi dépendant des autres que celui qui recherche les honneurs ! »

Rav Pappa, un des derniers sages du Talmud, expliquait ainsi le propos tenu par Moïse au peuple « Jugez équitablement entre chacun et son frère, entre chacun et l'étranger » (Dt. 1, 16) : « Cela veut dire, en fait, que l'on ne doit accepter de juger ni un ami ni un ennemi. Car on ne voit pas plus les torts de l'ami que les bons arguments de l'ennemi ! »

Bounam de Psiskhé avait coutume d'interpréter ainsi le verset de la Bible « C'est la justice, la justice que tu dois poursuivre » (Dt. 16, 20) : « La poursuite de la justice doit elle-même se faire par des moyens justes, légaux et droits. Ce qui veut dire que la fin ne justifie pas les moyens. »

Le texte d'Exode 17, 16 nous demande, au nom de Dieu, de faire « la guerre à Amalek » : « Cet Amalek, dit Yeshayahou Leibowitz, se trouve en chacun de nous. Et cette guerre ne saurait avoir de fin : elle se renouvelle à chaque génération. »

Le rabbi hassidique Chmelke de Nikolsbourg, qui a vécu au XVIIIe siècle, avait accroché aux murs de son bureau, de manière ostensible, une canne et un sac. À ceux qui l'interrogeaient sur la signification de cette initiative, il disait : « Je veux que l'on sache que les riches et les puissants ne pourront en aucune manière m'obliger à faire fléchir le droit. Dans ce bureau, tout le monde sera jugé de façon juste et équitable. Et si les gens qui disposent d'un certain pouvoir s'imaginent qu'ils pourront, par exemple, menacer de me licencier, je leur fais savoir à l'avance que, dussé-je devenir mendiant et errant, je suis disposé à tout instant à prendre ma canne et mon sac et à m'en aller. Et qu'on se le dise ! »

Il est écrit dans Exode 2, 23 que lorsque le roi d'Égypte mourut, « les enfants d'Israël gémirent au sein de l'esclavage et se lamentèrent ».

« C'est le contraire qui aurait dû se passer, commente Rabbénou Bahyé. Pourquoi donc ont-ils gémi alors que le roi tortionnaire venait de mourir ? En vérité, ils avaient peur que le successeur de Pharaon fût encore plus pervers... Il arrive en effet que la joie de voir tomber un pouvoir défaillant se transforme bien vite en tristesse et en regret ! »

Pourquoi, alors qu'il avait la confiance de Dieu, Moïse a-t-il été obligé de fournir au peuple d'Israël des comptes au sujet des sommes d'argent et de l'or ramassés pour le fonctionnement du Tabernacle (Ex. 38, 21) ?

« Il ne suffit pas, répond un commentateur, qu'un homme soit quitte à l'égard du ciel. Encore faut-il qu'il prouve sa loyauté à l'égard du public. » Le philosophe Yeshayahou Leibowitz ajoute à ce propos, en citant un éminent juriste anglais : « Il ne suffit pas que justice soit faite. Il est nécessaire aussi qu'elle soit transparente ! »

Mikhal de Zlotchov, un des disciples du grand prédicateur de Mezeritch, a vécu dans la pauvreté toute sa vie. Sa famille s'étant agrandie, il prit à son service une jeune orpheline qui aidait son épouse aux travaux domestiques.

Un jour, la femme du rabbi prétexta que la jeune servante s'était montrée imprudente dans son travail et que, ce faisant, elle lui avait occasionné des pertes matérielles. Elle décida donc de la poursuivre devant le tribunal rabbinique dans le but d'obtenir remboursement de ces sommes.

Voyant cela, le rabbi prit sur-le-champ son manteau et décida de se rendre lui aussi au tribunal.

« Il est inutile, lui dit son épouse, de venir avec moi. Je peux me débrouiller toute seule. Je sais ce qu'il faut dire pour convaincre les juges !

– Ce n'est certainement pas pour t'aider que je me rends au tribunal. Je veux en vérité prêter assistance à cette orpheline dans son procès. Autant que tu saches que c'est moi-même qui, dans ce procès que tu lui intentes, prendrai publiquement sa défense contre toi ! »

Pourquoi a-t-on dit que Moïse a grandi au palais de Pharaon ? « S'il avait grandi parmi ses frères, dit Abraham Ibn Ezra, ceux-ci l'auraient considéré comme l'un des leurs et, à coup sûr, ils ne l'auraient ni respecté ni craint. »

Rabbi Menaché Maïlya entre dans le bureau d'un juge rabbinique au moment où celui-ci est en train de statuer sur des questions qui, d'ordinaire, nécessitent la présence de trois juges religieux :

« Aurais-tu oublié que le traité des Pères (4, 10) dit qu'il ne faut jamais juger seul et que "Dieu seul peut le faire" ?

– Pourquoi l'oublierai-je ? Mais en vérité, nous sommes trois dans cette pièce : il y a moi, il y a le Talmud et il y a le code juridique *Hochène Michpat*.

– Dans ce cas, ignores-tu ce que disent par ailleurs nos sages : "Les justes de Jérusalem ne siégeaient dans un tribunal que s'ils connaissaient ceux en compagnie de qui ils devaient rendre la justice" ? Or, toi tu ne connais manifestement ni le Talmud ni le *Hochène Michpat*. »

Parole de rabbi Chimon ben Gamliel (dirigeant spirituel du judaïsme au début du IIe siècle) : « Ne jouez pas avec la justice : elle est un des trois pieds sur lesquels repose le monde. Nos sages ont dit : "Le monde subsiste grâce à la justice, la vérité et la paix." Si vous tordez la justice, vous faites trembler le monde sur ses bases. »

Selon un commentaire attribué à Maïmonide, un homme ne parvient au pouvoir que s'il a suffisamment de perversité. Ce n'est pas que le pouvoir corrompe, c'est qu'on est corrompu quand on veut le pouvoir. « Les sages d'Israël, écrit Yeshayahou Leibowitz, ont une réaction de méfiance et de suspicion face à tout pouvoir – de quelque nature qu'il soit – exercé par un être humain : qu'est-ce qui peut tourner la tête d'un homme et le détourner de la foi autant que les honneurs et le sentiment de sa propre grandeur ? »

Les origines de la famille du roi David sont connues : le chapitre 38 de la Genèse relate les coucheries de Judah avec sa belle-fille Tamar. Mais pourquoi, se demande un commentateur contemporain, la lignée du roi David – messie d'Israël – est-elle aussi problématique ?

Dans son livre *Sept Ans de commentaires bibliques*, Yeshayahou Leibowitz écrit : « Les sages d'Israël manifestent de grands égards pour des prophètes ou pour des justes dont l'origine n'est pourtant pas claire : des fils de grands pervers ou encore les petits-fils du méchant Haman ou du général Sisera. Il s'agit de dire que rien, absolument rien, ne peut empêcher un homme de s'élever dans la science et dans la connaissance de Dieu. »

Responsabilité

Elimelekh de Lisensk à son fils : « Sais-tu pourquoi les gens viennent me demander de prier pour qu'ils aient subsistance et bonne santé ? C'est parce qu'ils savent sans doute que je suis responsable de leur malheur et que, par mes péchés, j'ai grandement contribué au mauvais état du monde ! »

Faire la morale aux autres, selon Jonathan Eibschitz, n'est possible que si on adresse le reproche ou la remontrance à soi-même en même temps qu'à autrui. C'est d'ailleurs pourquoi il est écrit : « Examinons nos actes ! » Au pluriel.

« Au commencement Dieu a créé... » (Gn. 1, 1). Cela veut dire que c'est le commencement que Dieu a créé. Pour ce qui est du reste, il est laissé à la responsabilité de l'homme.

Pourquoi les Dix Commandements sont-ils formulés au singulier et pas au pluriel ? C'est, dit le rabbin David Deutsch, afin que personne ne puisse se dire : il y a de par le monde assez d'hommes et de femmes qui appliquent ces Commandements et qui sont au service de Dieu. Que je les observe ou pas personnellement ne change rien à la chose !

C'est pourquoi il est dit à chacun : « Je suis l'Éternel *ton* Dieu ! »

Il est écrit à propos du lépreux : « Il se lavera et sera pur » (Lv. 14, 8). C'est de ce verset que l'on apprend le devoir, pour les juifs, de se laver les mains en certaines circonstances.

Dans le commentaire qu'il consacre à ce passage biblique, Shalom Rosenberg relate ainsi un enseignement qu'il tient d'Emmanuel Levinas : « Comme celui-ci était impressionné par l'évolution de l'hébreu moderne, il fit un jour allusion à ce que l'on appelle la "pureté des armes" que l'on invoque souvent en Israël. À l'armée, déclara Levinas, on nous a appris à "nettoyer" une arme mais voilà qu'on nous parle ici d'un nouveau concept : la pureté qui est supérieure à la propreté. Celle-ci peut en effet être mise au service d'objectifs impurs. Pas la pureté. »

« Ô Dieu, crée en moi un cœur pur ! » dit le psalmiste (Ps. 51, 12). « Et qu'est-ce qu'un cœur impur ? s'interroge Mendel de Kotzk. Si le cœur d'un homme cesse de chercher, c'est qu'il est impur. »

Parole de Naftali de Ropshitz : « Tandis que le prophète voit l'avenir, le rabbi interprète le présent. Il est parfois plus difficile d'interpréter le présent que de prévoir ce qui va arriver. »

Au moment où il est mis en cause par une partie du peuple révoltée sur l'instigation de Coré (Nb. 16, 15), Moïse déclare pour sa défense qu'il n'a pas même exigé fût-ce un âne « pour ses déplacements ».

« Aujourd'hui, observe Yeshayahou Leibowitz, les élus du peuple exigent d'avoir à leur disposition, non pas un âne, mais une voiture et un chauffeur payés par le budget public. »

Pourquoi Moïse, tout prophète qu'il était, a-t-il été obligé de fournir au peuple d'Israël « les comptes du Tabernacle » (Ex. 38, 21) ? La réputation dont il jouissait n'était-elle pas suffisante pour assurer son intégrité ?

Chaque fois que Moïse se retirait dans sa tente, rapporte un commentaire, chacun se tenait au seuil de sa propre tente, suivait Moïse du regard et tous le calomniaient derrière son dos :

« Il mange notre pain, dit l'un.

– Il boit et c'est nous qui payons, dit l'autre.

– Et que crois-tu donc ? ajoutait un troisième. Il a la charge de ramasser pour le Tabernacle de l'or et de l'argent non compté et non pesé, et tu voudrais qu'il ne soit pas riche ? »

Ayant eu vent de ces rumeurs, Moïse dit au peuple : « Voici les comptes du Tabernacle. »

Un élève demande à son maître :

« Dieu avait dit à Noé de recueillir dans l'Arche deux êtres de chaque espèce, un mâle et une femelle. Rachi explique que Noé avait reçu également l'ordre de recueillir dans l'Arche des démons. Mais comment expliquer cela alors que Maïmonide nie purement et simplement l'existence des démons ?

– En vérité, répondit le rabbi, les démons ont existé mais ils ont disparu le jour même où Maïmonide a convaincu le ciel qu'ils n'existaient pas. »

Maïmonide était le médecin du sultan Salah ed-Dine (Saladin) qui n'était jamais malade. Un jour, celui-ci dit au médecin :

« Puisque je suis toujours en excellente santé, je n'ai pas eu, jusqu'à présent, l'occasion de voir si en vérité tu es un bon – comme on le dit – ou un mauvais médecin.

– La Bible (Ex. 15, 26) nous montre, répondit Maïmonide, que le bon médecin n'est pas, comme vous semblez le penser, celui qui apporte la guérison à un homme, mais au contraire, celui qui lui évite de contracter des maladies. »

« La vocation du rabbin, disait Haïm de Brisk, est de protéger l'opprimé de son oppresseur. »

Parole de rabbi Leib : « Quand un homme trébuche, il en rend toujours responsable ou bien les pierres qu'il y a sur la route ou bien la route elle-même ou encore les chaussures qu'il porte, mais jamais il ne songe à sa propre responsabilité. »

Lévi Yitzhak de Berditchev prend la parole à la synagogue, le jour de Kippour : « Maître du monde, si tu as l'intention de nous donner une nouvelle année qui soit douce et heureuse, décide-le et signe le décret immédiatement ; mais si, au contraire, tu nous prépares une année dure, difficile et amère, je te rappelle que, comme nous, toi non plus tu n'as pas le droit d'écrire un jour de Kippour. »

Dov Ber de Mezeritch disait : « L'homme doit se maîtriser : il doit apprendre l'orgueil et ne pas s'enorgueillir ; la colère et ne pas s'irriter ; la parole et ne pas parler ; le silence et ne pas se taire. »

Parole de Mendel de Kotzk : « Il est possible que je puisse ressusciter des morts mais je préfère aider à vivre les vivants. »

Au commencement, le roi Salomon était le maître de tout Israël. Plus tard, il ne régna que sur Jérusalem. À la fin de sa vie, il ne gouverna que sa seule litière, ainsi qu'il est écrit : « Voici la litière de Salomon » (Cant. 3, 7).

« Dans ma jeunesse, disait Haïm de Czanz à propos de ce verset, je projetais de ramener le monde entier à la raison et de l'aider à se rapprocher du Créateur. Je vis que je ne pouvais réussir et j'essayai tout au moins avec les gens de mon village. Plus tard, je me dis : et si je me contentais d'agir seulement sur ma femme et mes enfants ? Finalement, je constatai que, là aussi, je visais trop haut. J'en vins donc à ne chercher une solution que pour moi-même. Malheureusement, là non plus, je ne parvins à rien : j'étais devenu vieux. »

Les commentateurs de la Bible se demandent pourquoi Moïse s'adresse à Israël à la deuxième personne du singulier (« Vois, je place devant vous, en ce jour, la malédiction et la bénédiction », Dt. 11, 26) alors que le conseil est destiné au peuple tout entier.

« Moïse agit ainsi, selon le Gaon de Vilna, pour apprendre à chacun qu'il a le droit d'avoir son opinion personnelle et qu'il ne doit pas suivre aveuglément celle de la foule. C'est à chaque membre du peuple hébreu que parle Moïse pour lui dire : tu es responsable de ton choix et c'est toi qui en subiras les conséquences ! De plus, cette possibilité de choisir, tu en disposes tout au long de ta vie. »

Rabbi Hama demanda : « Que signifie le verset "Il faut suivre l'Éternel votre Dieu" (Dt. 11, 5) ? Est-il donc possible de suivre à la trace la Présence divine ? N'est-il pas écrit que Dieu est un "feu dévorant" ?

Cela signifie en vérité qu'il faut agir comme agit Dieu : vêtir ceux qui sont nus, rendre visite aux malades, consoler les endeuillés, etc. »

La Bible dit : « L'arbre de vie était planté au milieu du jardin... » (Gn. 2, 9). Dieu a planté cet arbre de vie au centre pour nous signifier qu'il faut toujours se tenir loin des extrêmes et n'emprunter que la voie médiane !

Les *hassidim* racontent que lorsque Chnéour Zalman de Liady fut jeté en prison, à la suite d'une dénonciation calomnieuse, le chef de la police vint lui rendre visite en prison. Il se rendit vite compte qu'il avait affaire à un être exceptionnel. Il lui demanda : « Le verset biblique signale que Dieu posa un jour à l'homme la question : "Où es-tu ?" (Gn. 3, 9). Y aurait-il donc quelque chose que Dieu ignore ? À quoi rime en vérité cette question ? »

Le rabbi répondit : « Cette question, c'est celle que Dieu pose à l'homme à tout instant : où en es-tu de ta vie ? Où en es-tu avec le monde ? Où en es-tu avec les autres ? Es-tu toujours aussi distrait ? N'est-il pas temps pour toi de faire le point, de commencer à te repentir et de revenir vers ton Créateur ? »

Au cours d'un congrès sioniste, avant la seconde guerre mondiale, un délégué prend la parole pour dire que, dans le processus de résurrection de l'État d'Israël, il n'y avait pas place pour les vieux : « Ce sont les jeunes qui doivent conduire cette révolution. »

Le rabbin Reiness (un des chefs du mouvement sioniste religieux) intervient : « Ceux qui ont conduit la première libération juive étaient Moïse et Aaron. La Bible signale qu'au moment où ils rencontrèrent Pharaon, Moïse et Aaron étaient âgés respectivement de quatre-vingts et quatre-vingt-trois ans. Et ces vieux étaient assurément beaucoup plus révolutionnaires que bien des jeunes. »

La vraie repentance pour un homme, c'est de reconnaître ses fautes sans les rejeter sur d'autres. Ainsi le roi David dit au prophète Nathan : « J'ai péché. » Le prophète lui fit alors savoir : « Tu ne mourras pas. »

Le roi Saül, pour sa part, reconnut lui aussi qu'il avait péché mais pour ajouter aussitôt : « Car j'ai craint le peuple. »

Il avait rejeté la responsabilité sur le peuple et c'est pourquoi sa repentance ne fut guère acceptée.

Parole de Moché de Kobryn : « Il en est qui pensent qu'il est difficile d'arriver à être un ange. En vérité, ce qui est difficile, c'est d'arriver à être un homme. »

« Il y a, disait Mendel de Kotzk, une différence entre l'homme lent et le paresseux. Le premier ne se presse pas ; il réfléchit à deux fois avant de se décider à agir. Le second décide vite et agit, parce qu'il a la paresse de réfléchir. »

L'un des disciples de Mendel de Kotzk se plaint auprès de son maître :

« Je n'ai aucune mémoire ! Je voudrais tellement retenir ce que j'apprends. Or j'oublie très vite tout ce que l'on m'enseigne !

– Et qui a dit qu'il faudrait être un grand savant ? répond Mendel de Kotzk. Il te suffit d'être un simple fidèle et de faire ce que Dieu nous demande. D'ailleurs, voici un livre de Torah, je puis te dire qu'il n'est écrit nulle part qu'il faille être un érudit. La seule chose que dise le prophète Isaïe, c'est d'apprendre à agir bien (1, 17) ! Et notre maître Rachi explique cette formule en écrivant : "On doit apprendre à faire le bien." »

Comme Moïse, Aaron a été condamné à ne pas entrer en Terre sainte. Les sages d'Israël s'en étonnent : qu'a-t-il donc fait ? C'est Moïse – et pas Aaron – qui a frappé le rocher pour en faire sortir de l'eau cependant que Dieu lui avait demandé seulement de lui parler. Mais quel est le crime d'Aaron ?

Et ils proposent la réponse suivante : « Ce n'est pas un hasard si la Bible relate que "Moïse frappa le rocher par deux fois" (Nb. 20, 11). Si on nous fournit ce détail qui, de prime abord, n'est pas significatif, c'est pour insister sur la responsabilité d'Aaron dans cet épisode. Quand Moïse a levé la main pour la seconde fois, Aaron aurait pu lui dire que ce n'était pas ce que Dieu avait ordonné. Comme il s'est abstenu de faire à Moïse la moindre observation, il est considéré comme son complice dans la désobéissance. »

« Le travail est grand, disait rabbi Chimon ben Eleazar (maître de la fin du IIe siècle). Ce premier homme, Adam lui-même, n'a pu se nourrir qu'après avoir cultivé et soigné le jardin d'Éden. »

Parole d'Aaron de Karlin : « De même que Dieu renouvelle, chaque jour, l'œuvre de la création, de même devons-nous,

nous aussi chaque jour, inventer quelque chose de nouveau. »

Méir d'Apt s'était toujours opposé à Bounam de Psiskhé et à sa méthode d'enseignement hassidique : « Comment, lui dit-il un jour, pouvez-vous avoir la prétention d'être le rabbi et le chef spirituel d'une communauté alors même que, durant des années, vous avez vécu à Berlin dans un environnement de gens dépravés et coupés de toute tradition religieuse ? »

Bounam de Psiskhé répondit : « Un homme qui n'a pas vécu lui-même les péchés qu'il veut combattre et qui ne connaît pas la manière de fonctionner des pervers ne peut certainement pas tirer les autres de la boue. De plus, quiconque veut se tenir loin des vanités du monde et de ses faiblesses n'a aucune chance de pouvoir le réformer. »

Parole de Mikhal de Zlotchov : « Aucun juste ne ressemble à l'autre, sans quoi l'un des deux serait de trop ! »

Le docteur de la Loi Ben Zoma dit, dans le traité des Pères : « On pensait que le sage était celui qui savait beaucoup. Or, il s'agit plutôt de celui qui apprend de tout homme. On pensait que le héros était celui qui l'emportait sur le champ de bataille. Or, en vérité, c'est celui qui l'emporte sur ses propres instincts. On pensait que le riche était celui qui avait beaucoup d'argent. En réalité, c'est plutôt celui qui se satisfait de ce qu'il a, peu ou prou.

On pensait enfin que l'homme honorable était celui qui était respecté par tous. Or, c'est plutôt celui qui respecte les autres. »

Un homme demande au maître hassidique Mendel de Kotzk :

« Pouvez-vous me dire ce que je dois faire, rabbi ?

– Moi je peux te dire ce que tu ne dois pas faire. Quant à savoir ce que tu dois faire, c'est à toi de décider ! »

Personnalité, liberté

M. Chouchani, qui fut le maître d'Emmanuel Levinas, enseignait ceci à propos du temps dans le judaïsme : « Dans la société civile, la journée commence à minuit cependant que la majorité des gens dorment. Si bien que, quand ils se réveillent, ils sont déjà dans un autre temps. Un peu comme une femme mettrait au monde son enfant sous anesthésie générale.

Dans le judaïsme au contraire, la journée (celle du shabbat par exemple) commence aussitôt que le soleil se couche. Nous assistons alors et du même coup à la naissance du nouveau jour. »

Haïm ben Attar interprète ainsi le verset de Lv. 19, 2 « Parle à *toute* la communauté d'Israël ! » : « Ce verset signifie que tout homme, et pas seulement quelques initiés ou une petite élite, peut être saint. La sainteté est, au contraire, à la portée de chacun. Tout homme peut, s'il le veut, être l'égal de Moïse. »

Le rabbin de Volozhin est d'un avis différent : « Il s'agit ici non pas d'un appel à la collectivité mais à chaque individu. Il est demandé à chacun d'être saint selon ses capacités, sa nature et son degré de compréhension.

Les Commandements sont certes les mêmes pour tous, grands ou petits, érudits ou pas, mais la sainteté, elle, chacun doit y aspirer selon sa mesure. »

Un jeune rabbin se présente devant Haïm de Czanz, un des leaders du hassidisme, qui lui demande :

« Qui es-tu ?

– Je suis le petit-fils de tel maître, répond le jeune rabbin.

– Je ne t'ai pas demandé qui était ton grand-père mais qui tu es, toi. »

Après l'épisode du Veau d'or, Moïse s'adresse à Dieu et lui dit : « Si tu voulais leur pardonner leur faute... Sinon, efface-moi de ton livre que tu as écrit » (Ex. 32, 32). Ces mots formulés à la manière d'un ultimatum ont valu à Moïse de n'être pas cité une seule fois dans ce chapitre de la Bible alors même que ce texte évoque les instructions que Dieu lui donne. Les commentateurs en ont conclu que « la malédiction formulée par un sage, même quand elle dite sous une forme conditionnelle, se réalise ».

Parole de Pinhas de Koritz : « Il y a chez tout homme quelque chose de précieux et d'unique que l'on ne peut trouver chez personne d'autre. »

Parole de Nahoum de Stepinecht : « Si nous pouvions suspendre à un clou nos souffrances et si chacun de nous avait le pouvoir de faire son choix, je suis convaincu que chacun finirait par reprendre les siennes propres. »

Parole d'Abraham Israël de Sadegor : « Chaque homme a son lieu et chacun a sa place. Pourquoi alors se sent-on parfois si à l'étroit ? Parce que chacun ne songe qu'à prendre la place de l'autre ! »

Parole de Pinhas de Koritz : « Tu acceptes bien que le visage de ton prochain ne ressemble pas au tien. Accepte aussi que ses opinions soient différentes des tiennes ! »

Parole de Bounam de Psiskhé : « À observer le monde, j'ai souvent l'impression que tout homme est semblable à un arbre qui se dresse solitaire au milieu d'un désert. »

Parole de Pinhas de Koritz : « Toute nation, quelle qu'elle soit, contient une étincelle de sainteté dont elle tire force et vitalité. »

Parole de Bounam de Psiskhé : « L'homme libre est celui qui ne dépend ni d'autrui ni de lui-même. »

Parole d'Israël de Salant : « L'homme a été comparé à l'oiseau : il a la force de voir tout de très haut à la condition qu'il ne cesse de battre des ailes ; s'il s'arrête un instant, il tombe. Eh bien il en va de même de l'homme. »

Parole de Mendel de Kotzk : « Si tu erres dans la vie et que tu as l'âme en crise, fais le point avec toi-même. Demande-toi d'abord : qu'est-ce que je veux ? »

Les disciples de rabbi Yossef de Vilna lui demandent un jour pour quelle raison on remercie quotidiennement le ciel de « ne pas avoir fait de nous des esclaves » puisque l'esclavage n'existe plus.

« De nos jours aussi, répond le rabbi, il y a dans l'âme de chaque individu une tendance à accepter un certain esclavage. C'est pourquoi nous demandons à Dieu de nous aider à demeurer libres. »

Parole de Zoussya d'Anipoli : « Si, dans le monde futur, on me demande : "Pourquoi n'as-tu pas été l'égal du prophète Moïse ?", je saurai ce qu'il faudra répondre. Mais si on me demande : "Pourquoi n'as-tu pas été toi-même ?", là je ne saurai que dire. »

« Rabbi, pourquoi n'agissez-vous pas comme agissait votre regretté père ?

– Je me conduis au contraire comme lui : de même qu'il avait à cœur de n'imiter personne, de même je considère, moi aussi, n'avoir pas de modèle à imiter. »

Parole de Bounam de Psiskhé : « Que l'homme ait toujours deux poches : dans l'une, il inscrira : "Je ne suis que poussière et cendre", et dans l'autre : "Le monde a été créé pour moi." »

La parole de Dieu à Abraham "Va vers toi !" (Gn. 12, 1) n'a pas été dite à l'intention de lui seul mais de tous les hommes de l'histoire : chemine vers toi-même, deviens ce que tu es, suis la voie qui convient à ta personnalité.

Parole d'Israël de Salant : « L'homme est libre par l'imagination et prisonnier par l'intelligence. »

Parole de Dov Ber de Mezeritch : « On appelle la pensée le monde de la liberté. »

Le texte de Genèse 1, 27 dit : « Dieu créa l'homme à son image ; c'est à l'image de Dieu qu'il le créa » : « L'homme doit, selon Mendel de Kotzk, veiller sur son image et son unicité et ne pas chercher à imiter qui que ce soit, ni par les actes ni par la pensée. Car c'est d'abord à son image à lui qu'il fut créé et ensuite seulement à celle de Dieu. »

« Qui es-tu venu chercher dans cette maison d'étude ? demande le rabbin à un nouvel élève.

– Je suis venu chercher Dieu !

– Tu t'es dérangé pour rien. Il n'était

vraiment pas nécessaire de venir jusqu'ici. Dieu est partout !

– Que peut-on alors chercher dans cette maison d'étude ?

– Soi-même ! »

Bounam de Psiskhé racontait l'histoire suivante : « Eisik, un homme de Cracovie, avait vécu tous les malheurs du monde. Et de plus, il était sans le sou. Une nuit, il rêva qu'il se rendait à Prague où il devait chercher un trésor caché sous un pont de la ville.

Il n'y prêta dans un premier temps aucune importance, mais comme il fit le même rêve à différentes reprises, il se décida à aller lui-même vérifier les choses sur place, à Prague.

Arrivé au pont, il vit qu'il était surveillé jour et nuit par des soldats en armes. Il ne savait que faire. Il avait peur de susciter la méfiance des gardiens. Il rentrait chaque soir à son hôtel sans avoir entrepris quelque fouille que ce soit. Le responsable de la patrouille observa son manège et vint l'interroger. Eisik n'hésita pas à raconter son rêve à l'officier qui éclata de rire : il ne faut pas croire ce que racontent les rêves, lui dit-il. Tenez, moi-même, cela fait des nuits que je rêve qu'il me faut me rendre à Cracovie chez un juif du nom d'Eisik parce que, sous son four, il y a, paraît-il, un énorme trésor caché !

De retour chez lui, Eisik n'eut aucun mal à repérer le lieu où était caché le trésor.

Il est une chose, concluait Bounam de Psiskhé, que l'on ne trouve pas ailleurs que chez soi et en soi. »

Amour, couple, famille

À trois reprises, la Bible nous recommande de respecter les parents mais on ne nous parle jamais de la nécessité de respecter ses enfants. Et pourtant, observe un commentateur contemporain, tous les pères se dévouent pour le bien de leurs enfants alors qu'on ne voit guère des enfants se dévouer totalement pour leurs parents.

Rabbi Israël de Tchortakov se demandait pourquoi lors de la création du monde, Dieu dit à chaque fois : « C'était bien », sauf au sixième jour.

« C'est qu'il venait de dire : "Il n'est pas bon que l'homme soit seul." Aussi longtemps que la femme n'était pas créée, le monde était incomplet. Il ne convenait donc pas de dire : "C'était bien." »

Sur quoi en fait a porté la dispute entre Caïn et Abel, qui a débouché sur le premier meurtre de l'histoire ? Une légende raconte que l'un des deux frères a interdit à l'autre de séjourner sur ses terres ; selon une autre légende, chacun des deux frères exigeait que le Temple fût construit sur son territoire. Une troisième tradition enfin prétend que le conflit entre eux a éclaté au sujet d'une de leurs sœurs que chacun voulait s'approprier.

D'où nous apprenons, écrit Yeshayahou Leibowitz, que le premier conflit de l'histoire a porté sur la propriété, sur une question d'honneur et sur la femme.

Parole de Méir de Premishlan : « Si un homme veut vivre en paix avec les membres de sa famille, il est préférable qu'il s'établisse le plus loin d'eux. Ainsi Joseph fait-il dire à son père Jacob : "Tu habiteras la terre de Gessen et tu seras proche de moi !" (Gn. 45, 10) »

Le texte de Gn. 25, 19 commence ainsi : « Ceci est l'histoire d'Isaac, fils d'Abraham : Abraham engendra Isaac... » Le rabbin Moché Malka qui fut jusqu'à sa mort, en 1997, membre du Haut Conseil rabbinique d'Israël et qui a laissé une dizaine d'ouvrages, rappelle dans l'un d'entre eux la question que posent tous les commentateurs : s'il est fils d'Abraham, ne sait-on pas qu'Abraham engendra Isaac ? À quoi rime la répétition contenue dans le verset biblique ?

Il répond que le terme « engendrer » signifie ici éduquer, former. La Bible, qui n'est pas un livre d'histoire, veut nous rappeler dans ce texte que l'essentiel de l'engendrement n'est pas la naissance mais l'enseignement, la formation, l'éducation que l'on transmet à un enfant. Abraham ne s'est donc pas contenté de donner naissance à Isaac, mais il lui a aussi transmis toutes les qualités spirituelles et morales qui étaient les siennes : « Les sages d'Israël considèrent, en effet, dans le traité du Talmud *Sanhédrin* (19b), que si on assure l'éducation d'un enfant, c'est comme si on l'avait mis au monde. »

Malheur au père qui, au soir de sa vie, est obligé d'avoir recours à ses enfants pour sa subsistance. Les enfants ne sont cependant pas tous les mêmes ; il y a celui qui dit au père : ne sois pas triste, le repas que voici ne m'appartient pas. Il appartient à Dieu !

Et il y a celui qui – comme Ésaü – brutalement dit à son père : « Assieds-toi et mange de *ma* chasse (Gn. 27,19). »

Quand rabbi Yossef, maître du Talmud, entendait le pas de sa mère qui arrivait, il s'exclamait : « Il faut que je me lève pour accueillir la Présence divine. »

Le traité *Kiddouchine* (31a) du Talmud relate l'histoire arrivée à un non-juif du nom de Dema ben Netina. Un jour que des juifs viennent le voir pour lui acheter une pierre précieuse destinée à orner le pectoral du grand prêtre du Temple de Jérusalem, il accepte de la leur vendre pour la somme de cent pièces d'or. Mais trouvant son père en train de dormir tandis que ses pieds reposent sur la boîte contenant la pierre en question, il revient vers la délégation de juifs et leur fait savoir, sans donner trop de détails, que la vente ne peut malheureusement pas avoir lieu. Pensant qu'il voulait plus d'argent, les délégués du Temple lui proposent jusqu'à mille pièces d'or.

Mais, entre-temps, on fait savoir à ben Netina que, son père s'étant réveillé, la vente peut avoir lieu. Il décide alors de ne prendre de la somme qu'on lui présente que cent pièces d'or et déclare : « Le respect dû à mon père ne peut faire l'objet de marchandage : vous ne me devez que cent pièces puisque c'est sur cette somme que nous nous étions, dès le début, mis d'accord. »

Plus tard, les maîtres du Talmud se

demandèrent comment ben Netina avait été récompensé par le ciel : « Une vache rousse (cf. Nb. 19, 1-22) lui naquit dans son troupeau, dit rabbi Yossi. Les Hébreux se hâtèrent de l'acheter ; ils payèrent à ben Netina le poids de la vache en or. »

J'aime bien les anges, surtout quand ils m'accompagnent le vendredi soir de la synagogue à la maison. Je les y accueille avec beaucoup de joie, je leur souhaite la bienvenue et leur demande d'apporter à ma famille la bénédiction de la paix. Mais quand vient l'heure du dîner, je leur dis : « Anges de service, repartez donc en paix ! » C'est que je préfère prendre le repas du shabbat avec mes proches plutôt qu'avec des anges.

À la mort de sa femme Golda, le rabbin Moché Isserlès – une des plus grandes autorités du judaïsme de tradition ashkénaze – fit de sa femme un éloge, exceptionnel d'émotion. Quelque temps après, il s'adressa à son ex-beau-père et lui demanda la main de la seconde de ses filles : « Je ne peux pas vous l'accorder, répondit l'ex-beau-père. Je considère que l'éloge funèbre prononcé lors de la mort de ma fille était tellement réussi que je vous soupçonne de l'avoir préparé longtemps à l'avance... »

Parole de Dov Ber de Mezeritch : « De l'enfant on peut apprendre trois choses : il est joyeux sans raison ; il ne reste pas inoccupé un seul instant ; quand il veut quelque chose, il sait l'exiger avec force. »

Rabbi Yossi ben Kisma disait :

« Malheur à celle qui est partie et qui ne reviendra plus !

– De qui s'agit-il ?

– L'enfance ! »

La Bible dit : « Levez-vous devant une tête blanche » (Lv. 19, 32). « Savez-vous ce que cela signifie ? disait rabbi Mendel à ses disciples. Cela veut dire qu'il faut que vous, les vieux, vous vous révoltiez contre la vieillesse. »

Moïse et Aaron dirent à Pharaon : « Nous partirons avec nos jeunes gens et nos vieillards » (Ex. 10, 9). C'est qu'une société qui délaisse ses jeunes ressemble à un asile de vieillards et que celle qui abandonne ses vieux ressemble à un orphelinat.

Heureux les jeunes qui s'inspirent de la sagesse des anciens ! Heureux les vieux qui trouvent courage dans l'enthousiasme des jeunes !

Parole de rabbi Ichmaël (Ier siècle) : « À dix reprises les fils de Jacob s'adressèrent à Joseph en disant : "notre père, ton serviteur". Or, Joseph entendit cela et ne manifesta pas la moindre réaction. Et à cause de ce silence qui équivalait à un consentement, la vie de Joseph fut écourtée de dix ans. »

La question se posa au sein de l'académie talmudique : « Comment le Midrach peut-il prétendre que Joseph entendit à dix reprises son père Jacob traité de "serviteur" alors que, dans le texte biblique, cette formule n'est citée en vérité que cinq fois ? »

La femme du président de l'académie trouva la réponse : le récit biblique (Gn. 42, 23) signale que l'interprète traduisait. Ce qui signifie que Joseph a entendu la formule « notre père, ton serviteur » cinq fois de la bouche même de ses frères mais également cinq fois de la bouche de l'interprète.

« Elle est bien curieuse la bénédiction que prononcent les juifs en célébrant un mariage, dit un prêtre catholique au rabbin. Vous demandez à Dieu de réjouir les mariés comme c'était jadis le cas dans le jardin d'Éden. Comment pouvez-vous savoir s'il y avait de la joie entre Adam et Ève ? Étiez-vous présents à ce mariage ? Savez-vous ce que furent leurs relations réelles ?

– Ce que nous voulons dire en vérité, répondit le rabbin, c'est que de même que le premier homme ne convoitait évidemment pas une autre femme qu'Ève, de même souhaitons-nous que ces deux époux se considèrent comme s'ils étaient seuls au monde. »

« À quoi ressemble l'enfant quand il se trouve dans le ventre de sa mère ? À un carnet plié et posé » (*Kiddouchine* 30b). C'est seulement quand l'enfant naît que le carnet s'ouvre et que les pages s'emplissent au fur et à mesure que les jours passent.

« La crainte, dit le rabbi de Mezeritch, est une contraction ; l'amour, une dilatation. »

« La bénédiction d'un ami, dit Dov Ber de Mezeritch, a une grande importance au ciel : elle peut agir plus efficacement que l'ange Mikhaël lui-même. »

Moché Ibn Ezra : « Le frère est proche par la chair, l'ami par l'esprit. »

On vient dire au rabbi hassidique Mendel de Kotzk :

« Vous savez que tel étudiant, depuis son récent mariage, veille à appliquer les Commandements de la Torah !

– C'est parce qu'il a vu que le Commandement "Croissez et multipliez" est, tout compte fait, d'une application très agréable. Il doit sans doute imaginer que les autres Commandements le sont également ! »

Un étudiant rabbin vient se plaindre auprès de rabbi Yehouda Leib de Guèr de ce que son père refuse désormais de lui venir en aide depuis qu'il a fondé un foyer. « Figurez-vous qu'il se permet de laisser les membres de ma famille mourir de faim ! »

Impressionné tout à la fois par la sincérité et la détresse du jeune homme, le rabbi convoque d'urgence le père.

« Toute ma vie, explique celui-ci, j'ai

veillé à faire en sorte que mes enfants ne manquent de rien. J'ai même tenu à régler moi-même intégralement les frais occasionnés par leur mariage. Mais j'avoue que je ne me sens aucune obligation à continuer à assurer leur subsistance dès lors qu'à leur tour ils ont fondé une famille ! »

Le rabbin va chercher une Bible, l'ouvre au chapitre 11 du Deutéronome et dit à son interlocuteur : « Quand les Hébreux, s'adressant à Moïse, protestent et disent : "Qui nous donnera de la viande à manger ?", celui-ci se tourne vers Dieu et lui demande : "Est-ce donc moi qui ai conçu tout ce peuple, moi qui l'ai enfanté ?" Et il ajoute : "Mais où trouverai-je de la viande pour tout ce peuple ?"

La question se pose : pourquoi Moïse éprouve-t-il ainsi le besoin d'argumenter ? Pourquoi ne se contente-t-il pas de dire tout simplement : je n'ai pas de viande ? N'est-ce pas parce que s'il avait réellement conçu ce peuple, s'il l'avait enfanté, c'est à lui que reviendrait normalement le devoir de le nourrir ?

Sache donc que la responsabilité du père à l'égard de ses enfants est infinie et sans limite ! »

Commentant le verset biblique « Quant à Abram, il fut bien traité pour l'amour de Sara » (Gn. 12, 16), rabbi

Halbo dit : « On doit toujours avoir le souci du respect que l'on doit à son épouse, car un foyer n'est finalement béni que par la grâce de l'épouse. »

Dans le Talmud, il est dit au nom de l'école de Chammaï – réputée pour son rigorisme – qu'un homme est autorisé à divorcer de sa femme même si elle n'a fait que « rater une cuisson ».

« C'est là, dit un jour un disciple au rabbin Yossef Zonenfeld, une chose difficile à admettre : autoriser un homme à se séparer de sa femme pour une raison aussi dérisoire ?

– Au contraire, répond le rabbin, c'est d'abord à la femme qu'ont pensé les sages. Si un homme est disposé à quitter sa femme pour une raison si futile, quel intérêt y aurait-il à partager sa vie ? Le divorce vaut mieux que tout pour la femme ! »

Parole de Chimon de Yerouslav : « Dans les villages lointains où l'on ne me connaît pas, on m'appelle le *tzaddik* (le juste) ; dans mon village où l'on me connaît un peu, on m'appelle rabbi Chimon. Mais ma femme qui, elle, me connaît mieux que personne m'appelle par mon seul prénom : Chimon. »

Parole de Nahman de Braslav : « Toutes les choses importantes que j'ai pu obtenir ne peuvent, à mes yeux, faire le poids face à une seule minute d'amour. »

Parole de Chnéour Zalman de Liady : « Quand un homme aime vraiment, tous les plaisirs spirituels du paradis d'en haut et de celui d'en bas ne sont rien comparés à cet amour. »

Vivre, mourir et ressusciter

Selon le Talmud, rav Chechet observe, un jour qu'il se trouve au marché, l'ange de la mort en train de le dévisager. Il lui dit : « Quoi ? Ici ? Au marché ? Vous voulez m'ôter la vie comme on le ferait avec une bête ? Non, allons plutôt chez moi ! »

Il ne faut pas chercher à comprendre les secrets qui nous dépassent. Le Hafetz Haïm tire cette conclusion du premier verset de la Genèse où il est dit : « Au commencement, Dieu a créé le ciel et la terre. » Mais un peu plus loin dans le récit, on ne parle plus du ciel mais seulement de la terre : « Cela nous apprend que nous sommes libres d'enquêter sur tous les secrets qui concernent la nature et la terre, mais pas sur le reste. »

Le Maharal de Prague, très célèbre maître du XVIe siècle, demande un jour au rabbin Yom Tov Lipmann comment est née la coutume selon laquelle, à la mort d'un homme, on lit à son domicile des textes de la première partie du Talmud, la Michna.

« Il y a là, répondit Yom Tov Lipmann, une idée profonde. On sait que les sadducéens ne reconnaissaient pas la Loi orale, rejetaient totalement la croyance en la résurrection des morts et considéraient qu'il n'existait pas de "monde futur". En lisant des textes de la Michna – c'est-à-dire de la Loi orale –, on affirme haut et fort aux membres de la famille du défunt que les sadducéens ont tort. »

Le livre de l'Exode est appelé par la tradition juive « Noms » (*Chemot*), d'après ses premiers mots : « Voici les noms des fils d'Israël qui sont venus en Égypte. » « Il y a, écrit à ce propos Shalom Rosenberg, une éthique des noms. De nombreux enfants ont souffert d'avoir des sobriquets ou encore des noms ridicules. L'un des maîtres du Talmud, rabbi Hanina, a dit que "ceux qui humiliaient ou calomniaient leurs amis en public n'auraient pas droit au salut éternel". L'une des façons dont Auschwitz accompagne nos vies aujourd'hui encore, c'est le chiffre tatoué sur des bras. Ce chiffre représente une déshumanisation totale de l'homme. Dans la Shoah, on a essayé de nous transformer en chiffres. D'où la signification que prend l'usage consistant à donner lecture des noms des victimes le jour de la Shoah. »

Un de ses disciples demande à rabbi Pinhas de Konsk :

« Pourquoi êtes-vous en train d'observer, depuis tout à l'heure, les différents éléments de votre montre ?

– J'essaie de voir comment elle se démonte. J'étudie grâce à elle le secret de la mort. »

Abraham Yehochoua Heschel d'Apt disait dans les prières qu'il adressait à Dieu : « Maître du monde, j'ai conscience de n'avoir ni vertus ni mérites qui justifieraient que tu m'envoies au paradis, après ma mort. Si c'est ta volonté de m'envoyer en enfer au milieu des méchants, tu sais que je ne suis pas fait pour m'entendre avec eux. Alors, Seigneur, je te prie de tirer de l'enfer tous les méchants avant de m'y jeter. »

Parole de Nahman de Braslav : « Les gens disent qu'il y a ce monde-ci et le monde futur. Nous croyons dans le monde futur. Quant à ce monde-ci, peut-être existe-t-il aussi ? Mais ce que nous avons sous les yeux, en vérité, n'est qu'un enfer. »

Dans la ville de Kotzk, on détestait dormir. « Si nous dormons dans ce monde, disaient les sages de la ville, alors que ferons-nous quand nous serons morts ? »

Moïse dit à Pharaon : « Nous ne saurons de quoi rendre hommage à Dieu que lorsque nous serons arrivés » (Ex. 10, 26). Un docteur de la Loi expliquait ainsi ce verset : « Ce que nous faisons en ce bas monde a-t-il vraiment un sens quelconque ? Nos actions ont-elles une réelle signification ? Cela, nous ne le saurons que "lorsque nous serons arrivés", là où nous aurons à rendre des comptes. »

Parole de Bounam de Psiskhé : « Je n'ai fait qu'une seule chose tout au long de ma vie : apprendre à mourir. »

Pourquoi y a-t-il, dans le calendrier hébraïque, un « nouvel an des arbres » ? Selon Shalom Rosenberg, c'est pour nous rappeler un devoir d'écologie et le souci que nous devons porter à l'environnement et à l'arbre en particulier. Planter un arbre, c'est respecter les devoirs que nous avons vis-à-vis des générations à venir. C'est une responsabilité écologique à l'opposé du triptyque en usage dans le monde moderne : moi, ici et maintenant ! »

Parole de Moché Leib de Sassov : « La voie dans ce monde est comme le fil du rasoir. D'un côté l'enfer, de l'autre l'abîme. Au milieu, le chemin de la vie. Il faut avancer. »

Parole du Hafetz Haïm : « De temps en temps on entend dire que tel homme se plaint de n'avoir pas de quoi vivre. Mais je n'ai jamais entendu quelqu'un se plaindre de n'avoir pas de quoi mourir. »

Parole de Mendel de Kotzk : « Quand rabbi Judah le Saint (milieu du IIIe siècle) a dit qu'il y a des hommes qui, en une heure, assurent leur présence au monde futur, il a pleuré. Pourquoi ces larmes ? Parce qu'il a considéré que ce que l'on gagnait en une heure, on pouvait également le perdre en une demi-heure. »

Un idolâtre demande un jour à rabbi Yehochoua ben Korkha (sage du Talmud) :

« Il est écrit que "Dieu regretta d'avoir créé l'homme sur la terre et il s'affligea en lui-même" (Gn. 6, 6). Pourtant vous, juifs, prétendez que Dieu sait à l'avance tout ce qui va se produire. Comment pouvait-il alors s'affliger ?

– Quand ton fils est né, répond le rabbin, qu'as-tu fait ?

– J'ai été joyeux et j'ai fait une fête !

– Quoi ! Tu t'es réjoui ! Tu n'ignorais pourtant pas que cet enfant finirait par mourir un jour !

– Oui, mais chaque chose en son temps : au temps de la joie, la joie ; au temps du deuil, le deuil !

– C'est exactement ce que Dieu a fait. Il savait que l'homme finirait par pécher mais il l'a quand même créé parce qu'il savait qu'il y aurait aussi, parmi les hommes, des justes et des sages. »

« Abel était pasteur de menu bétail » (Gn. 4, 2). Caïn ne voulait pas s'occuper des bêtes parce qu'il craignait de les voir souffrir. Cela ne l'empêcha pas de tuer son frère.

Aujourd'hui encore, on connaît nombre d'hommes qui ont la plus grande compassion pour les animaux mais sont cruels dans leurs relations avec les êtres humains.

Moché Teitelbaum a un rêve. Il demande, dans ce rêve, à entrer au paradis des grands saints de la Michna. On lui signale qu'il lui faut d'abord se purifier dans un puits. Il y a devant lui une montagne. On lui dit que des anges vont s'occuper de la lui faire traverser.

Le voici donc au cœur du paradis. Il voit en tout et pour tout des sages assis et étudiant la Torah. Il est étonné : c'est donc seulement cela le paradis ? On n'y trouve ni beaux arbres, ni splendeur, ni séraphins. Aucune chose relevant du miracle : pas de chant d'oiseau, pas de mélodie des anges... Curieux !

« Et que crois-tu donc, Moché ben Hanna ? lui dit une voix. Que les sages sont au paradis ? Pas du tout : c'est le paradis qui est dans les sages !

– Oui, mais on ne remarque pas d'exclamation de joie non plus !

– La joie est à l'intérieur de chacun d'entre eux ! »

Jacob avait demandé à son fils Joseph de lui faire la « grâce » de l'ensevelir dans le sépulcre de ses pères. Rachi explique à ce propos que « la grâce que l'on accomplit envers les morts est une grâce de vérité, puisqu'on n'en attend pas la réciprocité ».

Le maître Israël de Modzitz explique que la Torah est également appelée une

« Torah de grâce ». Il faut l'étudier sans en attendre la moindre récompense.

Parole d'Eliyahou Dessler, sage contemporain : « Les gens ont peur de la mort parce qu'ils ne savent pas ce qu'elle est. Comme s'ils savaient ce qu'est vraiment la vie ! »

Mémoire, espérance

Rabbi Noah de Liakhovitz est interrogé par un de ses disciples :

« Chaque jour, je dis à Dieu : "Je crois d'une foi totale." Or, je ne suis absolument pas sûr que ma foi soit réelle. De telle sorte que j'ai l'impression de proférer un mensonge devant Dieu !

– Sache, lui répond le rabbi, que le "je crois" que nous disons n'est pas une information que nous communiquons à Dieu mais plutôt une prière, une supplication et une espérance. Le juif dit à Dieu : "Maître du monde, je veux vraiment croire, fais en sorte que ma foi soit une foi de vérité !" »

Parole de Shalom Rosenberg : « Aussi longtemps que la bougie est allumée, on peut réparer. »

Pinhas Péli écrit : « Qui est juif ? Non celui qui peut se vanter d'avoir des grands-parents juifs mais celui qui peut parler avec confiance de ses petits-enfants juifs et suivre l'exemple de Jacob demandant à Joseph : "Approche-les de moi, je t'en prie !"(Gn. 48, 9) »

Pourquoi quand le grand prêtre se trouve, le jour de Kippour, au Saint des saints au Temple, ne prie-t-il pas longuement en détaillant tous les malheurs d'Israël ? À cette question, le rabbi de Volozhin répondait ainsi : « Quand il se trouve au Saint des saints, le grand prêtre oublie totalement tout ce qui se passe dans la vie terrestre. Il n'en retrouve le souvenir qu'à sa sortie ! »

Parole de Schlomo Klinger : « Il y a dans l'Ecclésiaste beaucoup de propos du roi Salomon qui sont vanité des vanités. Le premier d'entre eux est celui qui consiste à dire que "tout est vanité" ! »

À propos du jour du souvenir, Adam Baroukh écrit : « Il n'y a que dans le judaïsme où l'obligation de se souvenir constitue un Commandement religieux. Maïmonide parle de l'avertissement qui nous est fait de “ne pas oublier”. Car l’oubli tue ! »

À Naftali de Ropshitz qui disait craindre qu’au paradis on le fasse asseoir à côté d’un pieux imbécile, un de ses disciples fit observer : « Vous n’avez rien à craindre ! Je peux vous jurer que jamais un imbécile n’a mis les pieds au paradis ! »

Le rabbin Akiva Eiger avait, à la veille de sa mort, interdit que l’on inscrive sur sa tombe la moindre épitaphe élogieuse : « Je ne veux pas arriver par des mensonges au monde de la vérité ! »

Isaac Abravanel commente ainsi le verset « Regarde le ciel et compte les étoiles » (Gn. 15, 5) : « C’est la nuit que l’on peut voir les étoiles. Et c’est aussi quand les juifs sont au plus bas qu’ils peuvent apercevoir un peu de lumière. J’ai connu cela moi-même au moment de l’expulsion des juifs d’Espagne. »

« Dieu planta un jardin en Éden, vers l’orient... » (Gn. 2, 8). « Il est étonnant, se demande le rabbi Élie Bekhar, que malgré tous les détails donnés par le récit biblique de l'emplacement de l'Éden, aucun explorateur n'ait jamais réussi à en découvrir le lieu. À moins que certains voyageurs l'aient en vérité déjà découvert et qu'ils s'y soient purement et simplement installés. Quel est le sot qui accepterait de quitter l'Éden pour retrouver notre compagnie ? »

Table

Avant-propos 9

Se taire et écouter 33
Recevoir la Torah 41
Étudier 51
Prier 61
Rire et larmes 77
Le mauvais penchant 83
Désespérer 91
Repentir 95
Exil et délivrance 101
Humilité et orgueil 109
Charité et compassion 125
Richesse et pauvreté 141
Mensonge et vérité 149
Paix et colère 155
Pouvoir et justice 161
Responsabilité 173
Personnalité, liberté 187
Amour, couple, famille 195
Vivre, mourir et ressusciter 207
Mémoire, espérance 215

Composition Nord Compo
Impression Bussière, mai 2005
Éditions Albin Michel
22, rue Huyghens, 75014 Paris
www.albin-michel.fr
ISBN 2-226-15912-6
N° d'édition : 23491. – N° d'impression : 052054/1.
Dépôt légal : juin 2005.
Imprimé en France.

DU MÊME AUTEUR

Begin. La Bible et le fusil,
Éditions Media, 1977.

Le Judaïsme, hier – demain,
avec Robert Aron et André Neher,
Buchet-Chastel, 1977.

La Mémoire brisée des juifs du Maroc,
Éditions Entente, 1978.

Aujourd'hui être juif,
Éditions du Cerf, 1984.

Les Juifs sépharades,
PUF, coll. « Que sais-je ? », 1986, 1990
et 1997.

Ainsi parlait le hassidisme,
Éditions du Cerf, 1990.

Rachi,
PUF, coll. « Que sais-je ? », 1993.

Proverbes de la sagesse juive,
Éditions du Seuil,
coll. « Points sagesses » n° 70, 1994.

Le Puits d'eaux vives,
avec Claude Vigée, Albin Michel, 1995.

Shalom Rabin,
avec Salomon Malka, Ramsay, 1996.

Treize Inconnus de la Bible,
avec Claude Vigée, Albin Michel, 1996.

Les Plus Belles Légendes juives,
Éditions du Seuil,
coll. « Points sagesses » n° 134, 1998.

Les Chemins de la kabbale,
avec Moshé Idel, Albin Michel, 2000.

La Braise et la Flamme,
Éditions du Seuil, 2003.